JN410077

양철 도시락

강기재 수필집

교음사

두 번째 열매

유난히 무더웠던 여름도 지나고 어느새 가을인가 했더니 벌써 옷깃을 여미게 하는 쌀쌀한 기온이 우리 곁을 맴돌고 있습니다. 수확의 기쁨도 만추의 손짓도 뒤로 한 채 자신을 되돌아보며 차분히 한 해를 마무리 할 때입니다.

제대로 맛 들이지 못한 첫 수필집을 낸 지 아홉 해가 되었습니다. 힘에 벅찬 생업 영위와 함께 이일 저일 맡아 뛰어다니다 보니 몸은 자신도 모르는 사이에 만신창이가 되었고 암 두 가지를 포함하여 다섯 번이나 수술을 받았기에 이를 변명으로 삼습니다. 이젠 양어깨를 짓누르던 무거운 짐 하나 내리고 투병의 고통도 어느 정도 완화되어 다시 글 밭을 일구고자 합니다.

하지만 창작은 날이 갈수록 어렵다는 생각만 듭니다. 늦게 뿌린 씨앗이기에 하루라도 빨리 튼실한 열매를 맺히게 하고 싶었으나 마음만 앞설 뿐, 몸이 따라주지 않았기에 아직도 서투른 농사꾼의 솜씨를 벗어나지 못하였습니다. 이번에 수확한 두 번째 열매 역시 제대로 알이 차지 않아 부끄럽습니다.

이 세상 모든 일은 뿌린 대로 거둔다 하였습니다. 척박한 토양에다 씨앗마저 여물지 못하여 원하는 만큼 튼튼한 싹을 틔우지 못하였기 때문입니다. 이제라도 부지런히 밭을 갈고 토양을 살찌우게 하여 다음엔 알이 꽉 찬 열매를 거둘 수 있도록 하겠습니다.

두 번째 수필집이 나올 수 있도록 지도와 격려를 아끼지 않으신 고동주 지도교수님, 발간비 마련을 위해 온 힘을 쏟아주신 이민호 선생님, 편집과 교정을 맡아주신 수필문학사 강병욱, 이자야 선생님, 원고 정리에 도움을 준 통영예총 김혜숙 간사에게 본 지면을 통하여 고마움을 전합니다.

아픈 가족사의 이야기가 일부분 나열되어 병상의 아내와 여동생의 아픔에 행여 누가 되지 않을까 걱정스럽기도 합니다. 나의 가족 모두에게 이해를 구합니다. 세 번째 열매를 따기 위하여 다시 시작 하겠습니다. 새롭게 부여된 직무도 최선을 다하여 마무리 할 것입니다.

제삼의 인생을 멋지게 살아 보렵니다.

무술년 입동. 남망산정에서 추암 강기재

| 강기재 수필집 |

양철 도시락

1부 그 섬에 가고 싶다

2부 구름 따라 닿은 발길

3부 지난날의 회상과 지역사랑

4부 아프니까 인생이다

5부 허물을 벗는 지혜

1

그 섬에 가고 싶다

_ 소매물도 등대섬

_ 매물도 남매바위

_ 연화도

_ 사량도 옥녀봉

_ 청산도

_ 보길도에서 만난 두 선비

_ 흑산도아가씨 노래사연

_ 한산도 · 1

_ 한산도 · 2

_ 한산도 · 3

소매물도 등대섬

통영항에서 동남쪽으로 쾌속 여객선을 타고 한 시간 반 정도 가면 거치른 물살 위에 흐르는 듯 떠 있는 섬 세 개가 있다. 대매 물도, 소매 물도, 등대섬이다.

등대섬은 행정상 소매물도에 포함되어 있으나 통상 둘로 구분하여 '소매물도 등대섬' '등대섬' 또는 '글씽이 섬'으로 따로 구분하여 부른다.

소매물도 등대섬은 그 자태가 매우 아름다워 일찍부터 통영팔경에 선정되어 널리 알려지고 있다. 문화관광부에서도 '명승 제18호'와 '가고 싶은 섬'으로 지정하여 더욱 호기심을 자아내게 한다.

등대섬의 앞쪽은 완만한 경사지로 사철 내내 푸른 잔디와 갈매기 풀과 이름 모르는 야생초들이 융단을 깔아 놓은 듯 주변 바다와 절묘하게 조화를 이룬다. 뒤쪽은 영겁의 세월동안 파도에 침식된 해안절벽과 기묘한 형상의 바위들이 제 나름의 이름과 전설을 품고 빼어난 경관을 자랑한다.

정상에는 1917년에 세운 하얀 등대가 서 있다. 올해로 꼭 일백 년이 되었다. 등대 주변으로 흰 구름 한 점 나지막하게 휘감아 돌고 갈매기라도 날아오르면 환상의 섬이 된다. 이국의 정취가 물씬 풍겨나기도 하고 신선이 노니는 곳 같기도 하다. 이 등대는 대한해협을 통과하는 모든 선박의 길잡이가 되고 있다.

등대 주변에서 바라보는 풍경은 장관이다. 서남쪽은 수평선으로 하늘과 닿아있고 동쪽으로 홍도와 대마도가 아스라이 다가온다. 동북쪽으로는 소매물도와 대매물도가 이웃하고 삼여도가 단아한 수석처럼 물 위에 떠 있다. 두 팔 벌리고 심호흡 한번 하면 폐부 깊숙이 쌓인 스트레스가 모두 씻겨 날아간다.

등대에 오르면 수직으로 깎아내린 수백 길 벼랑 아래 출렁이는 시퍼런 바닷물이 간담을 서늘하게 만든다. 바로 앞에는 촛대처럼 기다랗게 솟아오른 바위가 있다. 이곳은 인간의 손길이 닿지 않아 풍란과 석곡이 무성하게 어우러져 봄이면 맑은 향기를 바다 멀리까지 흩날려 보낸다. 그 바위 머리끝에 앉은뱅이 노송 한 그루 천년 세월을 머금고 나 보란 듯 앉아 있다. 흙 한 점 제대로 없는 가느다란 암벽 틈새에 간신히 뿌리 내린 저 강인한 생명력은 인간의 연약한 의지를 꾸지람하는 것 같기도 하다.

기묘한 모양과 색상을 지닌 갖가지 바위 중에 '글씽이 바위'가 있다. 그 옛날 진시황제가 그의 신하 서불(徐拂,徐市)로 하여금 불로초를 구하여 오도록 명하였다. 이에 서불은 해동국 삼신산을 찾아가기 위하여 동남동녀(童男童女) 삼백 명 씩을 거느리고 배를 타고 여기를 지나다, 경치가 너무 아름다워 이 바위에 서불과차(徐拂過此- 서씨 이곳을 지나다)란 글씨를 새겨 놓았다고 전한다. 등대섬을 한편으로 '글씽이 섬' 이라 부르는 연유이다.

이층집 한 채 크기만 한 이 바위에는 굴이 뚫려 있어 작은 배가 지나갈 수 있다. 초등학교 오륙학년 때쯤 아버지 일행을 따라 통통배를 타고 이 굴을 통과한 기억을 잊을 수 없다.

소매물도와 등대섬은 열목개를 사이에 두고 하루에 두 번 끊어졌다 이어진다. 이른바 모세의 기적이 일어난다. 물이 나는 간조 시에는 두 섬이 이어져 걸어서 오고가나 물이 드는 만조 시에는 배를 타야만 건너갈 수 있다. 물이 난 시간을 이용하여 등대섬을 걸어서 오가는 재미 또한 놓칠 수 없는 추억거리가 된다.

가을이 만연할 때쯤이면 해풍에 시달려 땅을 기는 듯 하는 온갖 기화요초(琪花瑤草)들이 함박웃음을 지으며 바람에 하늘거린다. 그 중에서도 소금기 머금은 키 작은 해국의 향기는 영혼을 맑게 하는 신선한 느낌을 준다. 저절로 그 향기에 묻혀 취하고 싶어진다. 내가 이 섬을 좋아하는 이유 중의 하나이다.

겨울이 채 가시기도 전에 먼 남쪽바다 수평선으로부터 파도에 실려 오는 봄소식을 가장 먼저 들려주는 남해안의 진주 '소매물도 등대섬.'

보석처럼 반짝이는 등대섬의 불빛이여 영원 하라.

매물도 남매바위

매물도는 통영시 한산면 매죽리에 속한 섬 세 개를 말한다. 각각의 이름은 대매물도 소매물도 등대도(섬)이다. 세 섬은 의좋은 형제로 손을 마주 잡고 대양을 향한 물목을 지키는 파수꾼처럼 드센 물살 위에 유유히 떠 있다.

삼 형제 중 소매물도와 등대도는 신의 손이 빚어 놓은 것처럼 갖가지 형상의 바위들이 저마다 독특한 전설과 설화를 품고 있다. 또한 두 섬은 하루에 두 번 조수간만의 차이에 따라 두 개의 섬으로 갈라지기도 하고 하나의 섬으로 이어지기도 한다. 깊은 바다 한가운데서 신기하게도 모세의 기적이 일어난다.

사철 내내 관광객의 발길이 끊이지 않는 매물도에 쌍둥이 남매의 애달픈 전설이 전하여 옴을 모르고 지나치는 사람들이 많다. 세월에 묻혀 사라지기 전에 여기 옮겨 적어 놓는다.

아주 오래된 옛날. 육지와 멀리 떨어져 아무도 살지 않았던 대매물도에 어디서 들어왔는지 모르지만, 처음으로 젊은 부부가 살게 되었다. 금실 좋은 내외는 손발이 부르트도록 가파른 비탈에 밭을 일구고 바닷가에 나가 해조류를 뜯으며 열심히 살았는데 늦도록 자식이 없어 가슴을 태웠다.

그러다 뒤늦게 애써 기다리던 자식을 낳게 되었는데 하필이면 쌍둥이 남매이었다. 날이 갈수록 쌍둥이 남매는 무럭무럭 잘도 자라는데 부부의 마음은 출산의 기쁨도 잠시 걱정이 태산같이 쌓여 갔다. 남매 쌍둥이를 낳으면 둘 중 하나는 일찍 죽는데 그것도 아들이 먼저 죽는다는 이야기를 들어 왔으니 하루하루가 지나갈수록 불안은 커져만 갈 수밖에 없었다.

생각다 못한 아버지는 아내에게 이러다 당신과 내가 먼저 죽을지도 모르겠으니 딸을 죽이자고 하였다. 그러자 아내는 차마 딸아이를 우리 손으로 죽일 수는 없으니 차라리 저 건너 무인도에 갖다버리는 것이 어떠냐고 하였다.

부부는 며칠 밤을 눈물과 한숨으로 보내다 아들을 살리려는 마음에서 어느 날 남편이 아주 작은 배에 딸을 태우고 노를 저어 건너편 소매물도로 건너갔다. 두 아이가 여섯 살쯤 먹은 때이었다. 섬에 내린 아버지는 나뭇가지와 억새를 모아 겨우 눈비를 가릴 정도의 움막을 짓고 나무 열매나 풀, 해초 등 먹을 수 있는 것을 가르치며 며칠을 보냈다. 어린 딸을 외딴섬에 혼자 남겨두고 차마 떠나올 수가 없었지만 더 이상 오래 머무를 수도 없었다. 마음 졸이던 아버지가 "오늘은 집에 가서 식량을 챙겨 해가 지기 전에 꼭 돌아오겠다"고 말하자 딸

아이도 아버지의 약속을 믿고 다녀오도록 하였는데 저녁이 돼도 돌아오지 않았다.

딸아이는 건너편 섬을 향하여 애타게 아버지를 부르다 지쳐 잠이 들었다. 다음 날 그다음 날도 아버지는 돌아오지 않았다. 외딴섬에서 초근목피와 해조류로 연명하던 아이는 용케도 죽지 않고 살아났다. 어쩌면 더욱 강인하게 자라고 있었는지도 모른다.

십 년의 세월이 바람처럼 지나갔다. 어느새 열여섯 살로 훌쩍 커버린 쌍둥이 남매는 서로를 모른 채 사춘기를 맞이하는 총각과 처녀로 변하였다. 어렴풋하게 이성에 대한 그리움이 마음을 채워가던 어느 날 총각이 건너편 섬을 물끄러미 바라보다 눈을 크게 떴다. 연기가 모락모락 피어오르고 있었다. '아니, 저 섬에도 사람이 살고 있단 말인가….'

뭔가 손에 잡힐 듯 말 듯한 호기심이 온몸을 휘감았다. 부모님에게 건너가 보고 싶다고 졸랐으나 번번이 거절당하였다. 버려두고 왔던 딸이 혹시 살아 있을지도 모른다는 불안감에 밤에 잠을 잘 수가 없었다.

계속적인 거절을 참다못한 아들은 어느 날 부모 몰래 집 앞에 매어 둔 작은 배를 타고 소매물도로 건너갔다. 바위 끝에 배를 대고 간신히 뛰어내린 총각이 허름한 움막에 이르자 화들짝 놀라면서 머리끝이 하늘로 치솟았다. 그를 맞이한 것은 분명 사람인 것 같긴 한데 온몸에 털이 나고 나뭇잎을 엮어 아랫도리의 주요부분만 겨우 가린 그야말로 이상야릇한 형상을 하고 있다. 하마터면 순간 정신을 잃고 넘어질 뻔 하였으나 곧바로 마음을 가다듬고 똑바로 바라보았다. 오랫동안 햇볕에 그을려 피부는 검고 머리카락은 허리까지 내려왔으나 얼굴이 반듯하게 생긴 여자임이 틀림없었다.

상대는 웃으며 반가운 표정을 짓는 듯 입을 열고 가까이 다가서며 뭐라고 중얼거리는데 무슨 말인지 도무지 알아들을 수 없었다. 하지만 이상하게도 마음이 편하여지면서 두려움이 어느새 싹 가시었다. 잘만 가꾸면 예쁜 여자로 만들어질 수 있다는 생각과 함께 동정심과 연민의 정이 동시에 솟아올랐다. 처녀 역시 마찬가지였다. 이 나이 되기까지 얼마나 사람을 그리워했던가. 말은 비록 할 수는 없어도 하늘이 나에게 보낸 인연이라 여기고 절대로 이곳을 떠나보내지 않고 함께 살고픈 생각이 간절하였다.

총각이 처녀에게 다가가 손을 덥석 잡으면서 말했다. "너를 아내로 맞이하고 싶으니 나의 청을 들어다오." 그러자 처녀는 기다리기라도 한 듯 고개를 끄떡이며 웃는 표정을 지었다. "그럼 됐다. 우리 곧바로 혼례식을 올리자." 라고 말하면서 처녀의 손목을 끌고 샘가로 갔다. 지금의 남매바위가 있는 곳이다.

정갈한 샘물 한 바가지를 떠놓고 남매는 천지신명께 부부가 되기로 맹세하였다. 그런 후 총각은 솟아오르는 연정을 참을 수 없어 처녀를 와락 끌어안으며 얼굴을 비볐다. 바로 그때였다.

갑작스레 시커먼 구름이 온 하늘을 덮더니 천둥 번개가 천지를 진동하면서 폭우가 억수같이 쏟아지고 산더미 같은 파도가 섬을 집어삼킬 듯 밀려왔다. 너무 놀란 총각이 기절을 하면서 두 팔로 꽉 죄었던 처녀의 허리를 놓자마자 두 사람은 바위로 변하였다. 친남매가 부부가 됨은 천륜을 어기는 것이기에 천지신명이 노하여 벌을 내렸나보다.

지금도 소매물도 선착장에서 동쪽 언덕을 돌아 바닷가로 내려가는

는데 아직도 언제 어디서 어떻게 돌아가신 줄도 모르다니…" 속으로 말해본다. 손이랑 어깨, 허리를 어루만지며 제발 시심(詩心)을 솟아나게 하는 영감 하나 건네주라며 애원하는데도 공부 더하고 오라는 듯 대답이 없으시다. 그래도 그냥 일어설 수 없어 나란히 팔짱을 끼고 휴대폰에 사진 한 장 담아둔다.

내부엔 생각보다 볼거리가 많다. 생전에 남긴 시집 두 권과 산문집 두 권의 원본을 보는 것도 수확이 아닌가 싶다. 한 가지 알게 된 것은 시인인 그가 어찌 이리도 많은 산문을 쓰고 남겼는가 하는 것이다. 산문집 중 한 권은 특정지역을 여행한 후 보고 느낀 점을 특유의 필설과 운치로 생생하게 엮어 놓았는데 오늘날에 흔히 발간되는 그 어떤 기행 수필집보다 높은 가치가 있을 것이라 여겨진다. 그 안에는 특히 통영을 방문하여 청마 유치환등 지인을 만나 남망산, 충렬사. 판데굴, 미륵산 등 여러 곳을 둘러보고 쓴 통영1 - 통영6까지로 된 여섯 편의 산문도 있다.

연대기를 찬찬히 살펴보았다. 그는 이곳에서 태어나 보통학교를 마치고 휘문고보를 거쳐 일본의 도시샤(同志社)대학 영문과를 졸업하고 모교인 휘문고보에서 교편을 잡았다. 본격적인 작품 활동은 1920년대부터 1940년대 초반까지로 일제의 조선에 대한 압박이 극에 달한 때였다. 민족말살정책으로 창씨개명과 더불어 모든 출판물의 검열이 감행되는 시기임에도 우리 말과 글을 다듬으며 주옥같은 시를 발표하였다.

해방이 되자 이화여전 교수와 경향신문 편집주간이 되어 교육과 언론에 투신하였으나 얼마 지나지 않아 무슨 이유인지 두 가지 모두 손을 놓고 서예와 문학에 심취하였다. 아마도 이때 전국 곳곳을 여행하면서 그곳과 관련된 산문을 많이 쓴 것 같다. 6.25가 일어나자 갑자기 행방불명되었는데 강제납북이냐 자진월북이냐를 두고 설이 분분하다 결국 작품모두 판금조치를 당하였다. 그러다 민주화의 바람을 타고 1988년에 해금되었다. 하마터면 이념갈등의 희생물이 되어 영원히 사라질 뻔했던 「향수」가 되살아났으니 얼마나 다행인가.

문학관 내부를 모두 둘러본 후 선생님께 다가가 직접 말해주지 않았어도 많은 것을 배우고 간다며 작별인사를 드렸다. 생가를 떠나오면서 사립문 앞에 세워놓은 돌 판에 새겨진 향수의 마지막 구절을 다시 한번 반복하여 본다.

"그곳이 차마 꿈엔들 잊힐리야"

오늘 정지용 선생을 만나길 참으로 잘하였다.

백두산에 올라

광복 70주년을 맞이하는 해에 백두산에 올랐다. 한민족의 기상과 혼이 서린 곳이니 그 감회는 두고두고 잊히지 않을 것 같다. 사진으로, 그림으로, TV 화면으로만 봐오던 성스러운 장소. 환웅께서 신시를 여시고 단군왕검께서 홍익인간의 이념을 내세워 나라를 열게 한 그곳에 오르길 얼마나 바랐던지.

생각지도 못한 기회가 쉽게 다가왔다. 백두산문학회 김윤호 회장으로부터 백두산 역사문화탐방에 참여하라는 메일을 받고 선뜻 응하였다. 순수문학단체가 올해로 열두 번째 탐방 행사를 한다니 신뢰하지 않을 수 없었다. 내친김에 초등학교 동창생 두 명까지 추천하여 함께 참가하였다.

여행 3일째, 드디어 백두산 등정에 나섰다. 성지에 오른다는 기대감 때문인지 배와 차를 갈아타며 달려온 이틀간의 장거리 여행에도 몸은 이외로 가벼웠다. 중국 쪽에서 천지까지 오르는 길은 북파, 서파, 남파코스가 있는데 우리는 미리 정해진 서파코스를 이용하였다.

서파입구 관리사무소에서 지정된 버스를 타고가다 중간의 산문 입구에서 다시 셔틀버스로 갈아탔다. 한동안 오르다 보니 지금까지의 울창한 산림은 보이지 않는다. 대신 급경사를 이룬 산봉우리 아래로 대 평원이 펼쳐지고 이름 모르는 야생화들이 키 재기를 하듯 땅에 붙어 하늘거린다. 여기가 해발 2,000m 안팎인 고산화원 이라 한다. 마치 풀꽃으로 수를 놓은 이불을 깔아 놓은 듯 사방은 온통 야생화 천지라 눈이 부시다.

주차장에 내려 위쪽을 바라보니 하늘이 너무 맑다. 천지를 볼 수 있다는 마음에 가슴도 부풀었다. 여기서부터 1,442계단을 걸어 올라야 한다. 정상으로 향하는 길은 이미 오색의 대열로 꽉 차 있다. 계단에 쓰인 숫자를 읽으며 제법 올라왔다 싶은데도 땀이 거의 나지 않는다. 팔월 중순이 무색할 정도로 더위가 느껴지지 않으니 정말 높은 곳인가 보다.

중간쯤 올랐을 때 정상에서 "와!" 하는 소리가 크게 들려왔다. 천지의 수면을 가렸던 안개가 걷히면서 순간 무지개가 뜬 것을 보고 일제히 환희의 소리를 지른 것이다. 우리 일행 중에서도 일착으로 오른 사람들은 무지개까지 보았다고 하니 얼마나 축복이랴. 앞서 갈 수 있었지만 동행한 친구 한명과 보조를 맞추느라 무지개는 보지 못했지만 천지를 볼 수 있었으니 얼마나 다행이랴.

드디어 마지막 계단을 딛고 정상에 올라섰다. 눈 아래 펼쳐진 저 장엄하고도 청순한 물빛의 세계. 위대한 인물 앞에 서면 저절로 고개가 숙여지듯 천지를 보는 순간 스스로 근엄한 자세를 취하지 않을 수 없었다. 세계에서 가장 높은 곳에 자리한 거대한 연못. 하늘빛도 물빛도 너무 푸르러 시린 눈에 잠긴다. 여기가 바로 한민족의 근원이며 겨레의 혼이 숨 쉬는 성지라니 어찌 감격스럽지 않으리오. 양손에 태극기를 들고 대한민국 만세를 소리높이 외쳐보고 싶지만 그럴 수 없다.

천지를 둘러싸고 있는 열여섯 개의 봉우리들이 거울 같은 물속에 하늘을 품은 듯이 드리우고 있다. 애환의 민족사를 모두 알고 있으니 하루빨리 통일을 이루라고 재촉하는 것 같다. 오른쪽에 북한 땅과 중국 땅을 가르는 5호경계비가 서 있다. 경계선은 천지를 가로질러 건너편으로 이어진다. 한 발이라도 더 북한 땅을 밟고 싶어 몇 걸음을 나아가니 제재를 가한다. 조국 땅을 마음대로 밟을 수 없는 안타까움을 누구에게 하소연해야 하나.

저기 오른편에 우뚝 솟은 장군봉을 바라보니 안타까움이 더하다. 백두산은 2/3가 북한 땅에 속한다는데 휴전선 통과하여 자유로이 오르지 못하고 왜 굳이 수 천 리 바다를 건너 이국땅 멀리 돌아 올라야만 하나. 북한정권은 무엇 때문에 하루에도 이처럼 수백 명이 오르는 백두산이나 금강산을 개방하지 않는지. 남한의 관광객을 받아들여 동족이 함께 상생하는 방법을 진정 모른단 말인가.

다시 올 수 없다는 마음에 천지를 배경으로 일행들과 짝을 이뤄 사진 몇 장 찍다 보니 하산을 재촉한다. 두 손을 단정하게 모아 천지를 향해 고개를 숙이고 오늘의 이 순간을 있게 해 준 신령님께 감사드린다. 조국통일을 염원하는 기도도 함께 올렸다.

내려오는 길에서 앞을 바라보니 저 멀리 장백의 등줄기를 타고 셀 수도 없는 봉우리들이 구름 위에 떠 있다. 지천으로 피어 있는 야생화가 환한 모습으로 반겨주니 나도 구름 위를 걷는 것 같다. 계단 옆으로 흐르는 가는 물줄기에 손을 넣으니 찬 느낌이 온몸에 스민다. 나무그늘 하나 없는데도 물이 얼음처럼 차다. 얼굴을 스치는 엷은 바람에도 서늘함이 묻어난다.

방긋방긋 웃는 야생화들도 이달 말경이면 지기 시작하여 내년 유월이 되어야 다시 핀다고 한다. 단 석 달을 뽐내기 위하여 영하 수 십 도의 모진 추위를 견뎌내고 생명의 꽃을 피워내는 이 강인함. 여기에 비하면 인간이 겪는 고통은 아무리 힘들다 해도 이보다 덜하지 않을지.

정류장에서 버스를 기다리는 사이 검은 구름 한 덩이 산봉우리를 지나면서 갑자기 세찬 소나기를 쏟아 내린다. 정상을 향하던 사람들이 포기를 하고 내려온다. 하마터면 반 시간만 늦게 올랐어도 천지를 못 볼뻔 하였으니 얼마나 운이 좋은가. 크나큰 소원하나 풀어낸 듯 가슴속이 후련하다.

중간에 있는 산 문 입구에 내려 금강대협곡을 구경하는 것을 끝으로 백두산 탐방은 마무리되었다. 어느덧 해도 저물어 산중엔 칠흑 같은 어둠이 깔려든다. 숙소로 돌아가는 버스 속에서 삼행시 한편 엮어 본다.

백산의 정기품은 민족의 영산이여
두 개로 갈린 조국 하나 되길 바라면서
산정의 천지를 보며 남북통일을 빌었다

백두에서 한라까지 둘이 아닌 하나이고
두만강 건너가면 쉽게 오를 수 있으련만
산이여 말을 해 다오 그날이 언제 올지.

다낭에서 느낀 명암

을미년이 한 달여 남을 즈음 베트남 중부지역의 다낭 일대를 여행하였다. 자정이 지나 여정을 풀어 새벽잠에 깊이 빠져들었으나 알람소리에 눈을 비비며 일어났다.

창문을 열고 시가지를 바라본다. 큰 강을 사이에 두고 양쪽으로 도시가 형성되어 있으며 건너편엔 아주 넓은 들판과 산이 펼쳐져 평화로운 모습이다. 강 하구의 멋진 다리 저편으로 야자수가 열을 지어서 있고 은빛 백사장과 푸른 바다가 시원스레 펼쳐있다.

투어에 나선 버스 안에서 가이드가 설명한다. 시가지 한복판을 흐르는 저 강을 '한강'이라 부른다고 한다. 농담으로 알아듣고 '어찌 서울의 한강과 똑같은 이름이냐'고 물으니 확실하게 같다고 말한다. 민선으로 재임된 시장이 한국경제발전의 상징인 한강의 기적을 우리도 반드시 이루자는 목적으로 강의 이름을 고쳐 부르게 하였단다.

외국 여행을 여러 번 하였지만 지금까지 한 번도 느껴보지 못한 한국인으로서의 자부심이 솟아올랐다. 우리 한국이 세계 열 번째 내외의 경제 대국임을 이 나라 국민들이 알아주는가 싶어서다. 그러고 보니 우리가 여기서 타고 다니는 전세 버스도, 호텔에 설치된 엘리베이터도, 객실에 놓인 티브이와 냉장고도 모두 한국산이니 당연히 부러워하리라.

어디 그뿐인가. 현재 베트남에 진출한 우리나라 기업이 일천 개가 넘으며 이 나라 어느 도시에서나 운영되고 있는 대형백화점을 비롯하여 현재 하늘 높은 줄 모르고 솟아오르는 빌딩 중 일부는 한국기업의 투자로 건축되고 있다니 마치 기회의 땅에라도 온 듯하다. 이들보다 앞선 나라의 국민으로서 뭔가 본받을 만한 행동을 하여야 되겠다는 마음을 가지게 한다.

관광길에 나선 버스가 교외의 한적한 어느 마을을 지날 무렵 전혀 예상치 못한 설명을 들었다. 다낭은 월남전 당시 해병대 청룡부대가 주둔하여 많은 전과를 올려 명성을 떨치기도 하였지만 그 이면에는 민간인의 억울한 희생도 상당수 있었다고 한다. 귀가 번쩍 뜨였다.

창문 밖을 가리키며 저 마을에서는 아직도 한국 사람이 지나가는 것을 보면 돌을 던질 정도로 미운 감정을 가지고 있으며 다른 몇 군데 마을에는 당시 한국군의 참상을 기록한 증오비 까지 세워 놓았단다. 큰 죄라도 지은 듯 마음이 무거워졌다.

베트남전쟁 당시 한국군의 양민희생에 따른 내용일부가 세계 언론에 보도되었다는 이야기를 들은 적이 있다. 몇 년 전 우리나라의 모 언론도 참전자의 증언을 토대로 기사화한 것을 보긴 했지만 남의 일처럼 지나쳐 버렸다. 그런데 현지에서 생각조차 못 하였던 이야기를 들으니 마치 자신이 가해자라도 된 듯 마음이 무거워진다.

현지 주민들이 한국군에게 무참하게 희생되었음을 뼈아프게 기억하며 역사의 아픈 상처로 기리고 있음은 그들의 입장에선 당연하다. 우리 역시 한국전쟁을 겪으면서 거창 학살 등 수많은 양민학살의 처참함을 보고 또 들으면서 너무도 큰 아픔과 억울한 희생을 경험하지 않았던가. 어찌 보면 동병상련의 입장일 수 있다. 하루빨리 치유의 날이 오길 바란다.

어떤 전쟁이든 그 이면에는 무고한 양민의 희생이 따르기 마련인 것 같다. 그러므로 전쟁은 아예 일어나지 말아야 한다. 오늘날에도 지구상 곳곳에는 전쟁으로 죄 없는 생명이 계속 희생되고 수많은 난민이 발생되고 있다.

당시 월남전은 상대방끼리 서로 밀고 당기는 부대단위 전투가 아닌 전후방이 없는 게릴라전이 대부분이었기에 한마을 안에서도 아군과 적군을 구별하기 어려워 어쩔 수 없었을지도 모른다. 하지만 안타까운 일이다.

전쟁의 상처가 아물지 않은 이국땅에서 휴전선을 사이에 두고 동족끼리 총칼을 겨누는 우리의 현실을 뒤돌아본다. 북한이 언제 어디서 어떤 도발을 할지 일촉즉발의 위험을 안고 있다. 또한 핵무기까지 개발하여 세계를 집어삼킬 듯 실험을 계속하니 불안하기만 하다.

하지만 그보다 더 겁이 나는 것이 따로 있다. 군사력은 휴전선을 경계로 맞대응할 수 있지만 아군과 적군의 식별이 없는 전쟁이 일어나지 않을까 걱정이다. 게릴라전은 무고한 희생자를 더 많이 만들어낼 수 있기 때문이다.

월남전이 끝난 지도 마흔 해를 넘고 있다. 월남전에 참전했던 청룡부대용사 중 일부는 모임을 갖고 사비를 들여 해마다 이곳에 와서 그때 희생된 영령들을 위로하는 제사를 지낸다고 한다. 이 전쟁에서 우리 젊은이들의 희생 또한 적지 않았지만 대한민국의 국력신장과 경제성장에 큰 보탬이 되었다.

한국은 베트남의 전후복구를 도왔으며 경제성장에도 한몫을 하고 있다. 오늘날에는 사돈의 나라로 불릴 만큼 깊은 혈연관계를 맺고 있으며 교역량 또한 상위로 달리고 있다. 그들에게 한국은 부러움의 대상이기도 하겠지만 피해자로서의 의식도 잠재하여 있다.

억울한 상처는 쉽게 아물지 않는다. 내면의 상처를 치유하는 것은 대한민국의 몫이다. 따뜻한 손길을 내밀어 화합과 발전을 함께 도모하길 바란다.

태국마사지

열다섯 해 만에 두 번째 태국여행을 다녀왔다. 첫 번은 온 나라가 한일월드컵으로 흥분의 도가니에 휩싸이던 2002년 6월이었다. 그때 방콕의 어느 식당에서 저녁을 먹으며 한국축구의 8강 진출을 열렬히 응원하던 기억이 새삼 떠올랐다.

이번 여행은 관광과 함께 휴식의 목적도 포함되었다. 그때는 방콕에서 사흘을 보내고 파타야에서 하룻밤을 묵었으나 이번에는 파타야에서 사흘을 보냈다. 방콕은 돌아오는 날 오후에 왕궁과 수상가옥 등을 둘러보는데 불과하였다.

환락과 휴양의 도시 파타야는 세계 각국의 사람들이 휴식과 낭만을 즐길 수 있는 곳이다. 눈과 귀를 즐겁게 하는 알카자 쇼는 예쁜 얼굴에 미끈한 몸매를 뽐내는 육십여 명의 출연진 모두가 여성으로 성전환을 한 트랜스젠더라고 한다. 호기심을 갖지 않을 수 없었다. 공연 중간 스무 명의 단원들이 한복을 입고 아리랑을 부르며 춤을 춘다.

이국인이 펼치는 우리 가락에 저절로 흥이나 손뼉을 치며 합창을 하니 이 또한 색다른 여행의 재미이기도 하다.

예전엔 수영객들로 붐비던 백사장은 보트들로 가득하다. 쾌속보트가 너무 증가하는 바람에 사고방지를 위하여 호텔 앞 해안을 수영금지구역으로 지정하였다고 한다.

수영과 물놀이는 산호섬으로 가야 할 수 있었다. 산호섬의 바닷물은 유달리 옥색 빛을 띠고 있다. 모래 또한 솜털처럼 부드럽게 발을 간질인다. 죽은 산호가 파도에 부서져 모래가 아주 부드럽고 바다 물빛을 옥색으로 보이게 만든다고 한다. 바나나보트와 제트보트를 탄 후 비취파라솔 아래서 시원한 맥주 한잔으로 휴식을 취하니 낙원이 따로 없었다.

어둠이 내리자 파타야는 환락의 천국이라 할 만큼 술렁대기 시작했다. 특히 시가지 한쪽에 자리한 워킹 스트릿은 휘황찬란한 네온사인으로 사람들을 불러낸다. 각국에서 온 여행객들이 자유와 낭만을 마음껏 누리며 거리를 활보한다. 집집마다 반라의 아가씨들이 유혹의 손길을 내밀고 안쪽무대에선 성인 쇼가 한창이다. 자칫 잘못 빠져들었다간 낭패를 당하기도 한다지만 눈을 쉽게 돌릴 수 없을 만큼 황홀한 이색 풍경은 발걸음을 멈추게 만든다. 하지만 태국의 고유무도인 킥복싱과 뱀쇼를 구경하며 병맥주 한 병 나팔 부는 것으로 만족하였다.

태국에서 나흘을 보내는 동안 무엇보다 가장 유익한 체험은 세 차례 태국마사지를 받은 것이다. 동남아 여행코스에서 빠질 수 없는 상품 중 하나가 마사지 체험이다. 그중에서도 태국은 마사지 천국이라 할 만큼 세계에서 가장 오랜 역사와 전통을 가진 나라이다. 웬만한 도시엔 단체손님 수백 명을 한꺼번에 수용할 수 있는 시설이 여러 곳 있으며 파타야의 번화가에도 우리나라의 미장원처럼 영업을 하는 소단위 점포도 즐비하다.

마사지가 성행하게 되었음은 아주 오래전부터 주변국들과 수많은 전쟁을 치르면서 남자들의 희생이 많은 데서 유래되었다. 어쩌다 기진맥진하여 살아 돌아온 남편이나 아들의 기운을 살리기 위하여 부인과 엄마들이 다친 곳이나 뭉친 곳을 지압으로 풀어주기 위하여 시작되었다고 한다. 이 나라 국민 대부분은 어렸을 때부터 체험으로 익히고 또한 기초 교과과정에도 들어 있어 웬만한 기술습득은 그리 어렵지 않으리라 여겨진다. 현재 종사자 대부분은 여성으로서 전문교습소를 통하여 양성된 안마사 수는 삼백만 명에 이른다. 비 교습자를 포함하면 이보다 훨씬 많을 것으로 추산된다니 과히 국민직업 분야라 하지 않을 수 없다.

두 시간 걸리는 전신마사지를 삼일에 걸쳐 세 번을 받았으니 어쩌면 평생에 가장 행복한 시간이 아니었나 싶다. 배꼽아래 부위를 제외한 발끝에서부터 머리끝까지의 전신을 전문여성의 숙련된 기술로 정성을 다해 주니 그 짜릿하고 시원한 기분을 어찌 말로 표현할 수 있으랴. 특별히 아픈 부위가 있거나 특정부위를 더 많이 받고 싶으면 "야몽"이라 말해야 한다. 그러면 유명스님이 개발하였다는 연고를 그곳에 바르고 반복지압을 해 준다.

원조 태국마사지의 진수를 제대로 맛보았다고 할까. 이 세상에 태어나 지금까지 살아오면서 어느 누구로부터 이런 정성을 받아본 적이 있을까 할 정도로 몸도 마음도 가뿐하였다. 가이드의 만류를 극구 뿌리치고 일만 원짜리 한 장 손에 잡혀주니 두 손을 모으고 몇 번이나 고개를 숙인다. 한두 장을 더 건네주어도 전혀 아깝지 않을 것 같았다.

세 번째 마사지를 받고 나니 그동안의 여행피로도 통증을 수반하던 양쪽 어깨의 단단한 뭉치도 부드럽게 풀어졌다. 손님에게 최선을 다한 안마사도 두 시간 동안 힐링의 여유를 즐긴 나 자신도 서로 고마운 마음을 주고받았다.

태국마사지의 그 개운함을 언제까지 잊지 못하리라.

허난설헌 기념관에서

조선시대 뛰어난 여류시인으로 알려진 허난설헌을 만나기 위해 문학기행단의 일원으로 강릉을 찾았다.

강릉은 예(禮)와 문(文)의 고장이요 경포대와 해수욕장으로 이름난 곳이다. 신사임당께서 율곡 이이 선생을 낳은 오죽헌, 조선시대 최고의 전통가옥인 선교장, 달이 다섯 개가 뜬다는 경포호수, 규방예술의 숨결을 느낄 수 있는 동양자수 박물관, 문학의 향기 흩날리는 허균허난설헌기념공원 등 볼만한 곳도 많다.

최근에는 전국에서 유일한 커피 박물관과 커피거리가 생겨나 유혹하고 있다. 또한 동계올림픽까지 개최 하였으니 말 그대로 역사와 문화예술의 도시요, 스포츠와 관광을 아우르는 힐링 도시로 발전을 거듭하고 있다.

조선의 삼대 여류시인을 지칭하라면 황진이, 매창, 허난설헌을 들지 않을 수 없다. 이들 셋 중 황진이와 매창은 서민 출신의 기녀(妓女)

로 가무와 음률에 뛰어나 당대의 인물들로부터 구애와 선망의 대상이 되었다. 둘은 또한 신분을 뛰어넘어 자신들 스스로 마음에 드는 임을 정하여 사랑을 한껏 누리기도 하였다.

허난설헌은 양반집 규수로 태어난 당대 최고의 문재(文才) 이었으나 불행한 결혼생활에서 온 고통으로 나이 스물일곱의 짧은 일생을 마쳤다. 그녀는 자신이 중국이 아닌 조선에서 태어나고 남자가 아닌 여자로 태어 난 것과 출중한 남편을 만나지 못한 세 가지 한을 품고 저세상으로 떠났다.

초당마을 솔밭 일원에 만들어져있는 허균허난설헌 기념공원에서 그 동안 궁금했던 허난설헌에 대한 여러 가지 관련 자료와 이야기를 직접 보고 들을 수 있었음은 이번기행의 큰 수확이라 하지 않을 수 없다.

허난설헌(본명 초희, 1563-1589)은 사대부 집안에서 삼남 일녀 중 셋째로 태어났다. 아버지를 비롯하여 위로 오빠 둘과 바로 밑의 동생인 허균까지 모두 글재주가 좋았으며 그중에서도 허난설헌은 어려서부터 신동이라 할 만큼 글재주가 뛰어 났다고 한다.

그녀는 이미 여덟 살에 상상 속의 궁전인 광한전백옥루의 상량식에 초대되어 그 상량문을 한시로 지어 어른들을 놀라게 하였다. 이때부터 주변에 알려지기 시작하면서 문장가로 천재적인 소질을 인정받았으며 세인들로부터 부러움의 대상이 되었다. 하지만 여염집 규수이기에 어쩔 수 없이 나이 열다섯에 부모가 정해준 혼처에 결혼을 할 수 밖에 없었다.

결혼생활은 평탄하지 않았다. 시댁은 명문 가문으로 가부장적 기풍이 드세었고 시어머니도 글을 짓는 며느리를 좋아하지 않았다. 남편

역시 과거공부를 핑계 삼아 가정을 멀리하였으며 그녀 역시 친정에서 익혀온 바와 전혀 다른 생활관습에 적응하기 힘들었다. 고부간의 갈등은 날로 심하여지고 남편마저 도움이 되지 못하니 마음의 상처는 깊어만 갔다. 그 시대 양반가문의 법통을 지켜야 하였기에 이혼은 상상조차 하지 못하고 마음의 병을 앓아야만 했다.

드디어 결혼생활과 세상살이에 회의를 느끼게 되었다. 이때부터 자신의 신세를 한탄하며 남성우월주의를 비판하거나 현실을 벗어난 동경의 세계를 그리는 시를 지으면서 불행을 잊으려 하였다. 하지만 더 큰 불운이 연이어 다가왔다.

시집살이 열두 해 동안 고부갈등에 시달리고 남편에게 버림받음도 비참한데 그에 더하여 친정아버지와 둘째 오빠가 객사하여 일시에 집안이 멸망하고 딸과 아들 두 아이를 차례로 잃은 데다 유산까지 하였으니 그 고통 오죽하였을지. 여자로서 차마 겪어서는 아니 될 불행을 연이어 당하였으니 몸과 마음이 숯덩이처럼 타들어가 결국 스물일곱의 나이로 짧은 일생을 마칠 수밖에 없었다.

혹독한 고통 속에서도 붓을 놓지 않은 그녀는 생활의 애환이 담긴 주옥같은 시 213수를 남기고 아까운 나이에 세상을 떠났다. 죽음이 임박하여 자신이 쓴 시 모두를 불에 태우라고 말했지만 동생 허균은 진작부터 누님의 문학에 대한 천재성을 인식하고 작품을 정리하여 『난설헌집』을 펴내 오늘에 전하고 있음은 참으로 다행이다. 이 시집은 후에 중국과 일본에도 전해졌으며 양국에서 재발행 되어 큰 인기를 얻었다고 한다.

양반집 규수로 태어났으나 불운으로 문학의 꽃을 활짝 피워보지 못한 채 짧은 생애를 마쳐야 했던 조선 제일의 천재 여류시인 허난설헌. 여성의 사회진출이 엄하게 통제되던 시대에 자신에 대한 모든 것을 잃어버렸어도 오로지 문학에 대한 열정만은 끝까지 놓지 않았다.

기념공원을 나서면서 글을 쓰고 있는 나 자신을 비춰보았다. 그녀보다 세배 가까운 삶을 그것도 자유를 한껏 누리고 살면서도 작품의 양이나 질 면에서 너무 초라하기 그지없다. 이제라도 제대로 된 문학의 길을 걸으며 부지런히 글 밭 이루고자 마음 다져본다.

운주사 와불

연두색 잎사귀가 비에 젖는 날 천불 천 탑의 전설을 간직한 운주사를 찾았다. 세 번째 발걸음이다. 가는 내내 차창을 세차게 두드리는 비 때문에 고대하던 임을 만나지 못하면 어쩌나 했는데 절 입구에 도착하자 마침 비가 그쳤다.

당신을 간절하게 그리워한 중생을 어여삐 여겨 자비를 베풀어 주신 것 같다. 일주문 지나 대웅전 가는 길목에 서 있는 돌부처와 석조감실내의 부처님, 원형석탑도 조금 전까지 내리던 비에 세수를 한 듯 단아한 얼굴이다.

봄내 음 풋풋한 계곡엔 도랑물 소리 맑게 우러나고 안개가 짙게 내려앉는다. 낭랑한 불경소리 마당에 가득하고 추녀 끝에 매달린 풍경은 엷은 바람 한 점 지날 때마다 마음 씻어내라며 여운을 남긴다. 법당으로 들어가 정중히 삼배를 올린 뒤 요사채 지나 산길을 오른다. 제법 가파른 길인데도 보고픈 임을 만난다는 기대감에 그다지 숨이 차지 않는다.

땅바닥에 원형의 별을 만들어 놓은 북두칠성을 지나 등성이에 오르니 거기 소나무 아래 한 쌍의 커다란 부처님이 누워 계신다. 진작부터 이날이 오길 고대하였으나 여의치 않아 삼년 만의 상봉이다. 너무 반가워 덥석 껴안고 어깨며 등이며 쓰다듬고 싶지만 거룩한 옥체이기에 함부로 손 내밀 수 없다. 바로 곁에 서서 눈으로 이야기를 주고받는다.

운주사는 신라말기 도선 국사가 풍수지리설에 따라 이곳의 지형이 선박 형태로 되어있어 배의 돛대와 사공을 상징하는 천불 천 탑을 세웠다고 한다. 이 와불은 도선 국사가 하루 낮 하룻밤 사이에 천불 천 탑과 함께 새로운 세상을 열어보고자 만들기로 하였다. 하지만 공사가 끝나갈 무렵 일하기 싫어한 동자승이 "꼬끼오" 하고 닭소리를 내는 바람에 석수장이들이 모두 날이 샌 줄 알고 하늘로 가버려 바로세우지 못하여 누워있게 되었다고 한다. 제대로 완전하게 손질이 되었다면 와불이 아닌 입상불이 되었어야 했다.

이야기에 따르면 이 와불은 결국 미완성의 불상이다. 마지막 다듬질을 하여 세워 놓아야 할 것을 게으른 동자승의 장난기 섞인 닭소리 한마디에 석공들이 모두 일손을 놓고 하늘로 올라갔다니 재미있는 미스터리이기도 하다. 와불이 일어나는 날 새 세상이 열리고 이곳이 서울이 된다는 설화가 전해온다. 아마 부처님께서 오늘날처럼 어지럽고 시끄러운 세상이 오리라 예견하여 국태민안을 바라는 염원이 담긴 기도가 아닐지.

만약 이 불상이 다른 절에서도 흔히 볼 수 있는 것 처럼 옆으로 누웠거나 서 있다면 나의 심금을 이토록 울리게 만들지 않았을 것이다. 가사적삼 하나 걸친 채 천년 세월 아랑곳하지 않고 그 자리에 반듯이 누워 계신다. 하필이면 머리를 아래쪽으로 두고 비스듬히 누웠으니 온몸의 피가 머리로 쏟아져 내릴 터인데 그 고통을 어이 하시는지. 둘이 함께 누웠으니 부부인지 자매인지도 궁금하다.

여름이면 뜨거운 태양 볕에 얼굴을 검게 태우고 겨울이면 서릿발 눈보라에 전신이 얼어붙어도 불평 한마디 없으시다. 보면 볼수록 투박하면서도 가식 없는 편안한 얼굴이다. 오히려 힘들게 찾아온 중생에게 "세상사 다 그렇고 그러하니, 그러려니 하고 살아가라"며 묵언으로 위로 해주신다. 이제 욕심 내려놓고 자연으로 돌아갈 날 기다리며 편안하게 살라고 일러준다. 천년 도량을 지켜온 기운이 여기서 솟아오르듯 하고 세속에 찌든 몸속의 때가 자비로움에 씻기는지 기분이 상큼하다.

한 줄기 바람 불어오니 등성이에 서린 안개 흩어져 목화구름처럼 피워 오른다. 저 아래 대웅전에서 염불소리 낭랑하게 울려오고 처마 끝에 걸린 풍경은 소리 없는 여운을 가슴속에 스며들게 한다.

정호승 시인의 「풍경 달다」가 생각난다.

> 운주사 와불님을 뵙고
> 돌아오는 길에
> 그대 가슴의 처마 끝에
> 풍경을 달고 돌아왔다.
> 먼 데서 바람불어와
> 풍경소리 들리면

보고 싶은 내 마음이
찾아간 줄 알아라.

그분도 나처럼 와불이 몹시 그리웠을까? 애타게 보고 싶었던 그대를 만나고 돌아가면서도 마치 헛걸음이라도 한 듯 풍경소리 들리면 찾아간 줄 알라고 하였다. 다시 만나고 싶은 염원을 바람에 전하면서 사모의 정을 가슴속에 깊이 새겨두니 이런 사랑이 어디 또 있으랴.

발길 돌리려니 자꾸만 끌어당기는 것 같다. 어차피 떠나야 하기에 언제 만나 뵈러 올지 몰라 임의 가슴에 풍경 하나 달아두고 언덕을 내려왔다. 일주문을 나서 버스에 오르자 한동안 그쳤던 비가 다시 내리기 시작한다. 오래도록 만나 뵙길 고대하였기에 부처님께서 특별히 해후의 시간을 주신 것 같다. 그 은덕 하늘처럼 높다 하지 않을 수 없다.

새 세상이 오게 되면 와불은 일어서게 된다고 한다. 아니 누군가가 새 세상을 만들어 일으켜 세워 주길 기다리고 있는지 모른다. 오늘의 이 풍진세상 쓸어내고 하루빨리 국운번창과 평화의 날이 오길 소원한다.

여수 밤바다

예향의 도시 통영과 낭만의 도시 여수는 닮은 점이 많다.

한반도 남해안 중심유역에 위치한 항구도시로 해상교통이 편리하고 수산물이 풍부하다. 주변에 보석 같은 섬을 수백 개씩 보유한 데다 문화와 예술에 대한 관심도가 높고 볼거리 즐길거리 먹을거리도 많다는 공통점을 가지고 있다.

충무공 이순신 장군의 구국충정의 혼이 서려 있는 점도 빼놓을 수 없다. 통영엔 삼도수군 통제영관아 건물인 세병관이 있는가 하면 여수엔 전라좌수영 관아 건물이었던 진남관이 있다. 또한 삼 백리 한려수도의 시발점이요 종착점이기도 하다.

육상교통이 오늘날처럼 발달하지 못하였던 시절엔 부산과 여수간의 여객선 뱃길은 황금항로이었다. 바다의 실크로드라 불릴 정도로 여객과 화물의 운송이 많았다. 통영은 중간기착지로 옛날부터 여수와 인연을 맺어왔다. 이런 연유로 두 도시는 이십여 년 전에 자매결연 을 맺어 해마다 스포츠와 미술 교류전을 펼치며 친목을 도모하여오고 있다.

올해로 네 번째 개최되는 통영예총 워크숍을 자매도시 여수에서 개최하도록 결정하고 여수예총의 협조를 받아 준비에 들어갔다. 현지 세미나 개최에 따른 유능한 강사의 선임과 숙식 및 관광지선정에 있어서도 유익하고 보람 있는 행사가 되도록 관심을 기우렸다.

2018 유월 중순. 일백여 명의 예총회원과 함께 일박이일 간의 여수 탐방 길에 올랐다. 오전엔 순천영화 촬영장과 낙안읍성을 둘러보고 오후엔 신병은 교수의 '지역예술문화의 자원화'에 대한 특강을 들었다. 저녁엔 자유시간으로 여수밤바다와 낭만포차거리를 체험토록 하였다.

다음날은 향일암, 돌산대교, 케이블카, 오동도, GS예술회관을 구경하고 점심은 밥도둑 게장을 특선으로 먹었다. 역시 들어 온 바와 같이 볼거리, 즐길 거리에 먹을거리까지 풍부하여 가는 곳 마다 사람들로 가득하다. 생각했던 것보다 한 차원 높은 문화와 관광의 고장이요 낭만의 도시로 인식되었다.

이번기간에 가장 마음을 사로잡은 것은 해변공원일대의 밤바다 풍경과 낭만포장마차거리 이다. 어둠이 깔려지기 전부터 포차거리는 활기를 띠기 시작하더니 어느새 젊은이들로 인산인해를 이룬다. 희뿌연 장명등아래 늘어선 수십 개의 포장마차는 발 디딜 틈조차 없다. 자리를 차지하려면 반시간 이상 줄을 서야 하는데도 불평 한마디 없이 차례를 기다린다.

공중에는 케이블카가 은하처럼 흐르고 바다엔 작은 크루즈선이 사랑과 추억을 싣고 항내를 순항한다. 오색 불빛 옷을 갈아입은 건물들이 물속에 잠겨 파도처럼 일렁인다. 황홀한 밤 풍경이 별천지에라도 온 듯 분위기에 빠져들게 한다.

포차거리 한쪽엔 버스 킹 공연이 펼쳐지고 있다. 여기도 젊은이들로 넘쳐나 마치 홍대 앞을 방불케 한다. 전국에 이름이 알려진 유명 버스커들이 봄부터 가을까지 매일 밤 연주를 한단다. 주변 일대는 낭만과 청춘이 넘치는 젊은이의 천국 같다. 다른 곳에서는 볼 수 없는 밤 풍경에 취하여 소주잔을 기울이는데 때마침 기타선율에 흐르는 음색이 간절한 기다림으로 다가온다.

> 여수 밤바다 이 조명에 담긴, 아름다운 얘기가 있어
> 네게 들려주고파 전활 걸어 , 뭐 하고 있냐고
> 나는 지금 여수 밤바다 여수 밤바다
> 아 아 아 아 아 아 아
> 너와 함께 걷고 싶다

장병준이 작사 작곡하여 그가 속한 3인조 그룹 버스 커 버스 커가 부른 노래 「여수 밤바다」의 앞 구절이다. 은은하면서도 마음속 깊이 파고드는 가락은 간절한 바람을 안고 자신도 모르게 밤바다의 환상에 빠져들게 만든다.

여수는 이 노래 하나로 모든 버스커의 고향으로 만들었으며 낭만포차 거리를 포함한 해양공원 일대가 전국제일의 밤바다 명소로 되었다. 한해 관광객 삼십만 명을 불러들이는 젊은이들로부터 사랑받는 낭만의 도시로 재탄생하였다. 노래 한 곡이 만들어 낸 기적이라고도 할

수 있지만 여수시의 기획과 노력이 있었기에 가능하였으리라 본다.

여수 밤바다를 보고 나니 통영밤바다가 떠오른다. 여수 못지않게 아름답다. 관광자원 또한 어느 면에서도 부족 하지 않다. 명품포장마차거리 하나 만들어 밤바다의 아름다움과 조화시키면 얼마든지 새로운 관광명소로 탈바꿈할 수 있으리라.

음악이 흐르는 여수 밤바다와 낭만포차 거리가 언제까지 내 머릿속을 떠나지 않을 것 같다.

3

지난날의 회상과 지역사랑

명절을 기다리는 이유

기다리며 사는 것이 인생이라 하였던가. 나는 오늘도 명절을 기다리며 하루를 보낸다.

어린 시절엔 설이나 추석이 몹시 기다려졌다. 이날만은 흰 쌀밥과 맛있는 음식을 배불리 먹을 수 있는 데다 모처럼 새 옷이나 새 신발도 신어볼 수 있기 때문이다. 기대에 부풀어 며칠 전부터 손을 꼽으며 밤잠을 설치곤 하였다.

요즈음 아이들은 명절이 다가와도 간절하게 기다리거나 그다지 즐거워하지 않는 것 같다. 먹는 것 입는 것을 비롯하여 만물이 풍족한 세상에 살고 있으니 그토록 기대하거나 염두에 두지 않는 모양이다.

대신 우리 고유의 미풍양속과는 거리가 먼 빼빼로 데이나 밸런타인데이, 화이트데이 등에 더 관심을 보이는 것으로 보인다.

설날이 사흘 앞으로 다가왔다. 연휴개시와 더불어 각 방송국은 이제부터 민족의 대이동이 시작되었다고 야단이니 마치 교통전쟁이라도 일어난 것 같다.

한해 두 번씩 온 나라가 귀성행렬로 몸살을 앓는 모습은 언제 해소될는지. 모두가 향수병에 걸리지 않으려고 때맞춰 일시에 길을 나서니 어쩌랴. 누구에게나 고향 가는 길은 훤하게 뚫렸으면 좋으련만.

해 질 무렵 수도권에 살고 있는 며느리한테서 전화가 왔다. 남편이 퇴근하는 대로 애들 데리고 출발하겠다고 한다. 손자는 벌써 열한 살이 되었고 손녀도 어느새 여섯 살이다. 눈에 넣어도 아프지 않을 만큼 한창 귀엽게 자라고 있다. 이런 귀염둥이를 몇 시간 뒤엔 볼 수 있으니 저절로 기분이 좋아진다.

시시각각 전해지는 교통흐름에 관심 두는 사이 밤도 꽤 깊어졌다. 평소엔 네다섯 시간이면 충분히 닿을 수 있으나 출발 세 시간이 지났는데도 아직 수도권을 벗어나지 못하였다고 한다. 하행선 도로는 어느 곳이나 자동차로 가득 한데다 앞을 가리지 못할 정도로 눈까지 내린다니 시간은 고사하고 그저 무사히 도착하길 바랄 뿐이다.

오감을 집중하여 운전하고 있을 아들 내외도 힘들겠지만 비좁은 차 안에서 꼼짝 못 하고 묶여있는 어린것들이 얼마나 갑갑하고 지루해할지 걱정되어 눈을 붙일 수 없다. 할아버지 집으로 가는 것이 너무 힘들어 다음에 가지 말자고 말하면 어쩌나 하는 걱정도 든다.

새벽 무렵에야 아들네 식구들이 도착했다. 출입문을 열자마자 손자 녀석이 '할아버지' 하고 부르며 덥석 안겨 온다. 피곤에 지쳐 잠부터 청할 줄 알았는데 둘 다 신기하리 만치 눈망울이 초롱초롱하다. 지난해까지만 해도 말을 제대로 하지 못하던 손녀도 '할아버지 저도 안아주세요' 하며 두 팔을 벌려온다. 말하지 않아도 당신의 핏줄임을 이미 알고 있다는 듯 포근하게 안기니 모든 근심이 일시에 사라져 버린다.

지금까지 가슴 한쪽에 텅 비어있던 공간이 가득 채워지는 것 같다. 두 아이 모두 한동안 외할머니가 키웠기에 나와는 한 치의 정도 들지 않았으리라 생각하여 온 것은 기우였다.

잘해야 일 년에 두세 번 그것도 명절에 맞추어 내려와 겨우 하루나 이틀 밤을 자고는 차례를 지내기 무섭게 올라갔으니 정을 붙일 시간이라곤 없었다. 그때마다 걱정스러워 한 것은 이 아이들이 훗날 성장하여 이 할아비와 할머니를 얼마나 기억하고 있을까 하는 것이었다.

이제 보니 그게 아니다. 진작부터 이런 당신의 마음을 다 알고 있으니 걱정하지 말라는 듯 품속을 파고드니 흐뭇해질 수밖에 없다. 아들 내외가 이제 그만 자야 한다고 졸라도 말을 듣지 않는다.

장기판이며 바둑판을 꺼내어 게임 하자며 조른다. 손녀도 이에 질세라 가져온 장난감을 펴내며 같이 놀아 달라고 한다. 오히려 내가 눈이 감겨와 견딜 수가 없을 정도이다.

손자 녀석이 한두 해 사이에 훌쩍 커버린 것 같다. 말과 행동이 의젓해 졌다. 생각도 한층 깊어진 것 같다. 보고 싶은 쪽은 내 쪽이었는데 너희도 같이 보고 싶어 하였다니. 엄마의 성화에 못 이긴 손녀가 방을 나가자 손자 녀석이 오늘은 할아버지와 함께 자겠다며 이불 속으로 들어가면서 팔을 끌어당기는 것이 아닌가,

동녘이 밝아올 무렵 손자는 나의 손을 꼭 잡고 깊은 잠속으로 빠져 들었다. 너무 평화스럽기만 한 얼굴을 가만히 내려다보며 볼에다 입을 맞추었다. 이래서 피는 물보다 진하다는 것인가,

이번 설은 오랜만에 마음까지 풍족하다. 명절을 기다리는 이유가 여기에 있다. 추석이 하루라도 빨리 오면 좋겠다.

칠순동창회

칠순에 접어든 해 봄날 초등학교 동창회를 개최하였다. 교문을 나선 지 56년 만이다. 우리 동창들은 일제강점기로부터 해방되기 한 두 해 전에 태어나 초등학교 입학을 전후하여 6.25 한국전쟁이 일어났고 보릿고개를 넘으며 어린 시절을 보냈다.

섬에서 태어난 우리들은 초등학교에 다닌 것만 해도 다행이었다. 또래의 아이들 상당수는 가난으로 취학통지서를 받고도 학교에 다닐 수 없었다. 처음엔 일백 명 넘게 입학하였지만 최종 졸업자는 구십여 명 이었으며 중학교에 진학한 자는 스무 명도 채 되지 않았다. 한국의 근현대사에 가장 불우한 세대라 말할 수 있을 정도로 어렵고 힘든 세월을 겪었다.

지난해 연말 즈음 통영시에 살고 있는 친구 몇 명에게 내년이면 칠순이 되는데 어렵겠지만 초등학교동창회를 개최해 보자고 말했더니 우리가 도울 테니 앞장서 추진해 달라고 하였다. 그 자리에서 나는 추진위원장으로 추대되었으며 서울, 부산, 통영, 한산도 등 지역별 책임자도 정하고 개최시기는 내년 유월이전 으로 결정하였다.

해가 바뀌자 만사 제쳐두고 동창회 조직에 나섰다. 교육청을 방문하여 동창회 명부를 어렵게 구하였으며 이를 토대로 기억을 더듬어 스물두 개 출신 마을별로 명단을 분류하여 현재 살고 있는 곳과 생사 여부를 우선 파악해 나갔다. 예상했던 대로 쉽지 않았다. 일찍부터 객지로 떠난 친구들 대부분은 어느 도시에 살고 있다는 정도이지 주소파악은 엄두도 낼 수 없었다. 정보를 얻기 위하여 그들의 형제나 친척을 찾느라 사방으로 뛰어다녔다.

며칠이 걸려 한 사람 한사람 연락처가 파악되어 첫 전화통화를 하게 되었을 때의 기쁨이란 이루 말할 수 없었다. 마치 이산가족을 찾은 것처럼 오히려 그쪽이 어떻게 찾았냐며 더 반가워하는 목소리를 들을 때마다 새로운 힘이 솟아났다. 이렇게 하여 삼 개월 만에 91명의 졸업생 중 현재까지 67명이 살아있음이 확인되었으며 이들에 대한 연락처와 주소록이 담긴 수첩을 만들었다.

가장 어려운 문제 하나가 해결되었으니 다음은 동창회 날짜와 장소를 정하고 행사를 치를 수 있는 기금조성을 하는 일이다. 다행히 지역별 책임자의 협조와 동창들의 자발적 성금이 이어져 일천만 원 가까운 자금도 마련되었다. 경비가 부족하면 목돈을 내겠다는 친구도 있었지만 십시일반 성금으로 충당되었으며 여자 친구들의 성의가 큰 보탬이 되었다. 이런 후원에 힘입어 2013년 4월 27일을 동창회 개최일자로 정하고 장소는 예전에 근무하던 직장의 대강당을 사용토록 도움을 받게 되었다.

전날 밤엔 설레어 잠이 오지 않았다. 보리밥도 먹기 힘든 시절 주린 배를 참으며 십리 길을 오가던 그때가 떠올랐다. 베잠방이에 책보를 어깨띠처럼 걸쳐 메고 산 고개를 넘어 다니던 코흘리개 아이들의 얼굴이 그려졌다. 흰 저고리 검은 치마에 검정고무신을 신고 다니던 단발머리 여자애 들은 모두 어디서 살고 있는지. 부산으로 시집갔다던 그 앳된 영자와 숙영이도 할머니가 되었을까.

봄이면 지천에 피어있는 진달래꽃을 따 먹으며 함께 길을 걸었고 가을이면 길가의 아무 밭이나 심어놓은 고구마나 무를 빼먹고는 달음질을 쳤지. 집으로 돌아올 때 넘어야 했던 불막재와 망골재는 어찌 그리 높아만 보였던지. 뒤돌아보니 어느덧 칠순. 참으로 까마득한 세월이 흘렀다. 그 세월 속에서 온갖 풍파를 이겨 내고 오늘에 이르렀음은 어찌 보면 인생의 승리자가 아닌지.

드디어 동창회 날 오전 11시. 여기저기서 "준자야, 두리야." "신규야, 기재야." 촌스럽지만 오랜만에 불러보는 다정한 이름들이다. 졸업 후 처음 보는 얼굴도 있다. "너, 영자 맞지?" "그래, 이게 얼마 만이냐. 우리 살아 있으니 오늘 이렇게 만나는 구나" 머리에 서리가 내리고 얼굴에 굵은 주름살이 그려져도 어릴 때의 모습은 그 어느 한곳에 남아있다. 수십 년간 떨어져 있던 부모형제를 만난 듯 모두 반갑고 기쁜 표정들이다.

식이 시작되었다. 거의 오십여 명이 참석하였다. 얼굴들을 보니 모진 세월 속에서 온갖 시련을 극복한 인생의 승리자처럼 당당해 보였다. 우려했던 수보다 많은 인원이 와주어 너무 고마웠다. 불참자는 거의 거동이 불편하여 제대로 움직일 수 없거나 요양 중인 친구들이다. 이들 중에서도 성금을 보내온 친구도 있다.

인사를 끝내고 떡 자르기를 하면서 부연설명을 하였다. 우리들은 자식들로부터 회갑잔치도 칠순잔치도 제대로 받지 못하는 어버이들이기에 오늘 합동으로 칠순잔치를 맞이하는 뜻으로 이 떡을 자른다고 하였다. 며느리 벌되는 젊은 여인으로 하여금 술도 한잔 올리고 큰절을 하게 한 후 지역대표 친구 몇 명과 떡을 잘랐다. 우레 같은 박수가 터져 나왔다.

교가 대신 합창으로 부른 노래는 「고향의 봄」이다. 어릴 때 많이 불러 보았던 정겨운 노래이기에 동심으로 돌아가는 의미에서 삼절까지 그 시절을 회상하며 목청껏 불렀다. 다음은 장님이 되어 남편의 손에 이끌려 어렵게 행사장을 찾은 친구에게 격려금을 전달하였다. 아울러 중병에 시달려 부득이 오늘 참석지 못한 여섯 명의 친구들에게도 소정의 위로금을 별도로 전달하기로 결정하였다. 모두 우정 어린 정성에 눈시울이 뜨거워졌다.

2부 행사는 간단한 자기소개와 함께 노래방기기의 반주에 맞춰 노래 하나씩 부르는 자리가 되었다. 하나같이 험한 세상을 이겨내고 여기까지 달려왔기에 순간이나마 모두 잊어버린 듯 흥을 돋우었다. 말 그대로 즐겁고 흥겨운 시간이었다. 세 시간 가까이 이어진 여흥이 너무 짧게 느껴졌지만 마냥 계속할 수 없기에 기약 없는 만남을 당부하면서 행사종료를 선언하였다. 친구들 모두 아쉬움 속에 서로의 어깨를 감싸 안고 작별의 정을 나누었다.

넉 달 동안 힘겹게 추진한 동창회가 무사히 끝날 수 있도록 열심히 도와준 친구들과 멀리서 가까이에서 열 일 제쳐두고 참여한 동창들께 진정으로 고맙다는 인사와 내내 건강하길 바란다는 인사말로 끝을 맺었다. 짐을 내려놓는 순간 구속에서 벗어난 듯 홀가분해졌으나 뭔가 다른 생각이 들었다.

이만한 수고로 친구들을 그토록 기쁘게 해 줄 수 있다면 어떤 일이든 더 못 하랴. 앞으로 남은 인생에 오늘처럼 뜻깊은 날을 몇 번이라도 더 만들 수 있다면 얼마나 좋을까. 친구들 모두 건강하고 편안한 삶을 누리길 바라면서 굳게 잡은 손을 놓았다.

양철 도시락

학교급식이 보편화된 시대에 사는 아이들은 행복하다. 빈부의 차를 가리지 않고 갓 지은 따뜻한 밥과 영양식 반찬을 양껏 먹을 수 있으니 얼마나 좋으랴.

이제는 옛이야기가 되어버린 보릿고개 시절. 그때의 어머니들은 자식을 공부시키는 것만큼 학교에서 먹을 점심을 장만하여 주는 것이 큰 부담 거리의 하나가 되었다. 같은 반 아이들의 눈치를 보지 않고 배불리 먹도록 하얀 쌀밥과 맛있는 반찬을 싸서 손에 들려주고 싶었지만 대부분 그러지 못하여 안타까워하였다.

초등학교 졸업 후 왕복 이십 리가 넘는 중학교 통학은 고난의 행군길이었다. 세상이 변하여 십여 년 전에 섬과 섬을 이어주는 현대식 다리가 놓여 하루에도 몇 번씩 버스가 다니지만 그때는 어찌 그리도 멀고 무섭기도 하였던지. 뒷산 고개를 넘어 그 옛날 여우가 자주 나타나 사람을 홀렸다는 여시바위를 지나 인적이 드문 산길을 오리도 넘게 걸어가 나룻배로 섬을 건너 다시 오리를 더 가야만 했다.

동네엔 또래의 친구들이 여럿 있었지만 중학생은 단지 나 혼자뿐이었다. 6·25전쟁으로 전혀 예상치 못한 포로수용소가 우리 마을에도 설치되어 주민들 모두가 한동안 강제이주 당하였다 막 돌아온 직후였다. 공부보다 상전벽해가 된 땅을 한 평이라도 더 찾아내어 배고픔을 면하는 것이 우선 급하였기에 진학은 엄두도 낼 수 없었다.

외롭고도 힘든 통학을 포기하지 않고 해낼 수 있었음은 어머니가 싸주시는 도시락 때문이었다. 그 안에는 매일 푸석한 보리밥과 짜디짠 무김치로 채워졌지만 달게 먹고 힘을 내지 않을 수 없었다. 때로는 보리에 옥수수나 고구마가 짓이겨진 밥이 들어 있어 옆자리 친구 보기가 민망스럽기도 하였다. 하지만 거기엔 어머니의 한숨과 애틋함이 녹아 있음을 알기에 더 맛있게 먹었다.

수업을 마치고 집으로 돌아갈 때 빈 양철 도시락은 나의 친구가 되어 주었다. 누가 재촉하지 않아도 급하게 걸음을 옮겨 놓을 때마다 딸랑거리는 소리를 내며 함께 걸었다. 그 소리는 소를 잃고 헤맬 때의 워낭소리처럼 길잡이가 되어주기도 했으며 수풀 속에서 언제 나타날지도 모르는 산짐승들을 쫓는 도구가 되기도 하였다.

겨울철이면 난로 위에 겹겹이 포개 얹어 데워먹던 그 맛 역시 잊을 수 없다. 지금은 학교는 말할 것도 없고 웬만한 직장이면 구내식당을 만들어 점심을 해결할 수 있지만 몇 십 년 전만하더라도 직장인 대부분은 집에서 마련해준 도시락을 가져와 사무실 단위로 한자리에 둘러앉아 함께 먹었다. 한 가족처럼 대화를 나누며 서로의 반찬을 나눠 먹던 점심시간이야말로 저절로 소통과 친목의 장이 되었다. 이런 정겨움과 낭만이 서린 일상을 잊고 살아 온 지 실로 오랜만에 뜻밖의 장소에서 추억의 도시락을 만나게 될 줄이야.

지난해 가을 이박삼일 간의 단체관광 여행에 나섰을 때다. 사흘째 되는 날 마지막 관광지는 충남 서천에 있는 국립 생태원 이었다. 내부를 촘촘히 구경하느라 세 시간 넘게 걸었더니 정오가 훨씬 지나 모두들 뱃속이 허전하였다. 서둘러 귀갓길에 오른 후 때늦은 배를 채우기 위하여 버스가 멈춘 곳은 군산 부근에 있는 한적한 시골 초등학교 운동장이었다.

겉으로는 여느 초등학교와 다름이 없는데 폐교를 이용한 사업장이었다. 운동장 한편에 몸집 커다란 항아리 수백 개가 가지런히 놓여 있다. 현관을 들어서니 '옹고집쌈밥'이라는 간판이 눈길을 끌었다. 영농조합 법인을 운영하는 사장이 고집스럽게도 건물내부의 교실모양을 하나도 바꾸지 않은 채 순 우리식 토종된장을 대량으로 만들어 밥과 함께 파는 식당이다.

안내에 따라 지정된 교실로 들어가니 초등학생들이 쓰던 책걸상을 그대로 식탁으로 이용하도록 되어있다. 몸을 최대로 낮추어 자리에 앉으니 저절로 까까머리 시절로 돌아가지 않을 수 없었다. 뒷벽엔 그림과 습자글씨가 솜씨를 뽐내며 여러 장 붙여 있다. 골마루에는 검정 고무신과 흰 고무신, 교과서와 필통, 공책 등 당시 아이들 모습의 밀납 인형까지 전시되어있다. 영락없는 시골뜨기 코흘리개 어린이였던 나의 모습을 그대로 보는 것 같아 마치 타임머신을 보는 듯하였다.

회상에 젖어있는 사이 밥이 나왔다. 생각지도 못한 그 옛날의 양철 도시락에 하얀 쌀밥이 가득 담겼다. 반찬은 된장국에 쌈 채소 위주로 단란하게 차렸다. 순간, 삼 년 내내 어느 날도 흰 쌀밥 한번 제대로 못 채워주신 어머니의 안쓰러운 마음이 떠올랐다. 회한의 도시락을 이곳에서 만나게 되다니. 어머니의 소원을 들어 드리기라도 하듯 순식간에 하나를 비우고 더 먹었다.

숟가락을 놓은 후 자유게시판인 칠판에다 이렇게 적었다. '왔노라. 보았노라. 먹었노라. 추억의 양철도시락!' 분필을 놓자마자 일행 육십여 명으로부터 일제히 박수가 터져 나왔다. 낯선 곳에서 생각지도 못한 어린 시절의 체험과 추억을 되살리게 하여 잠시 동안이나마 삶의 무게를 내려놓게 하였다. 이런 것이 바로 여행이 주는 즐거움이 아닌가.

요즈음은 아이들이 소풍을 가도 엄마들이 손수 점심을 싸주는 일이 그다지 많지 않은 것 같다. 웬만한 집에선 전문점에 주문하여 고급음식을 사 보내는 모양이다. 어머니의 손으로 만든 음식이 아이들의 입맛에 멀어져 가는 것 같아 왠지 씁쓸하다.

이제는 우리 주변에서 사라져 버린 양철도시락. 거기에 담아주신 어머니의 정성을 어찌 잊을 수 있으랴.

나의 띠 원숭이의 해

2016, 병신(丙申)년은 원숭이의 해이다. 육십갑자를 한 바퀴 돌아 나온 지 엊그제 같은데 어느새 열 두 해를 지나 나의 띠 해가 다시 찾아왔다.

사람은 누구나 이 세상에 태어나는 해를 기준으로 띠를 하나 갖게 된다. 동양사상에서는 흔히 이것과 관련지어 그 사람의 성격이나 장래를 예측하는가 하면, 매년 초엔 그해의 운세를 감정해 보기도 한다. 이처럼 띠는 한 인간의 출생에서부터 성장, 입학, 취업, 결혼, 사업, 건강 등에 이르기까지 운명처럼 함께 한다 해도 과언이 아니다. 그러므로 너나없이 띠에 대한 관심이 높을 수밖에 없다.

음양오행에 의하면 올해는 원숭이해 중에서도 붉은 원숭이해 라고 한다. 붉은색은 악귀를 물리치고 건강, 부귀, 영화를 상징하는 것으로 인식되어 왔다. 동지에 팥죽을 끓여 먹고 호신용 부적에 붉은 글씨를 쓰는 것 역시 같은 맥락으로 볼 수 있다. 원숭이는 재주가 많다고 알려진 동물이나 변화와 파괴의 성질도 있다고 한다.

인간의 띠를 구분 짓는 열두 가지 동물 중에서 원숭이는 가장 인간과 닮았다. 거슬러 올라가면 전 인류의 원초적 조상이라 말할 수 있으며 장단점 역시 거의 비슷하다. 장점으로는 머리 회전이 빠르고 동작이 날쌔며 부지런하고 잔재주가 많기도 하다. 임기응변의 대처와 상대방의 심리파악에도 능하며 자식에 대한 사랑과 부부간의 사랑도 유별나다고 한다. 단점은 인내심이 부족하고 성격이 다급하며 변덕이 심하다. 상대를 미워하며 남을 잘 속이거나 속기도 잘한다니 예사로 보지 말아야 하겠다.

원숭이의 위대함에 대한 이야기는 소설 『서유기』의 주인공인 손오공에서 찾을 수 있다. 그는 불교의 경전을 구하기 위하여 인도로 가는 길에 닥치는 온갖 어려움을 변화무쌍한 신통력을 발휘하여 물리치고 마침내 바라던 일을 이룬다. 우리 인간도 각 개인이 지닌 유능한 지혜와 재주를 사회와 국가를 위하여 유익하게 쓴다면 세상은 훨씬 평화롭고 행복해질 것이다.

약속한 것을 잘 어기거나 한번 결정한 것을 자주 바꾸는 사람을 조삼모사(朝三暮四) 하다고 한다. 정치인들은 선거 때만 되면 온갖 감언이설로 국민을 속이고 당선만 되면 내 언제 그랬냐는 듯 오리발을 내민다. 온갖 특권을 누리고도 일은 제대로 하지 않으면서 세비만 챙기는 의원님들을 빗대어 말할 수 있기도 하다.

원숭이 관상을 가진 사람은 대개 머리가 총명하고 통찰력이 뛰어나며 강한 파괴력의 성미를 지닌다고 한다. 그 대표적인 자가 임진왜란을 일으켜 조선을 치욕으로 몰아넣은 도요토미히데요시(風神秀吉)이다. 당시 선조임금은 당쟁에 휘말려 왜적의 침략에 제대로 대비하지 못하고 나라와 백성을 토탄에 빠트리게 하였다. 오늘의 위정자는 임진왜란의 뼈아픈 역사를 되새겨 국력을 신장시켜 국민을 편안하게 살도록 만들어야 할 것이다.

원숭이해에 태어나는 아이를 "잔나비 띠"라 부르기도 한다. 어릴 때는 이 말을 더 많이 듣고 자랐다. 순우리말로 날쌔고 잔재주가 많아서 나온 말이라는데 나는 이 동물의 장점 중 한 가지도 제대로 갖지 못한 채 어리석게만 살아왔다. 결코 적게 산 세월이 아닌데도 떠날 때 무엇 하나 뚜렷하게 남기고 갈 것이 없다. 부지런히 움직이긴 하였지만 동작이 빠르지 못하여 놓치기 일쑤였고 남을 속이지도 않았지만 재주를 부릴 줄 몰라 손안에 든 것마저 내 것으로 만들지 못할 정도로 바보스럽기만 하였다

동갑내기 친구들도 비슷한 것 같기도 하다. 머리가 좋아 공부를 잘한 이도 많았지만 크게 출세를 하였거나 아주 큰 부자가 된 사람은 별로 없는 것 같다. 그저 부지런히 일하여 먹고사는 데는 별 지장이 없으나 한때 사업실패나 보증 등으로 속임을 당하거나 낭패를 본 사람도 많으니 띠와는 전혀 무관하다고 말할 수 없을 것 같다.

철학관을 찾아 올해의 운세를 보았다. 고희를 넘긴 주제에 무슨 운세냐며 핀잔을 받기도 하였으나 지나온 삶이 너무 평탄하지 못하였기에 조금만이라도 편안할 수는 없을까 하는 마음에서다. 예상외로 최근 몇 년 동안 본 운과는 달리 길운이라 하였다. 실로 오랜만에 들어보는 반가운 소식이다. 그동안 자신과 가정에 몰아친 불운이 행운으로 바뀔까? 나의 띠 원숭이의 해에 복이 들어오려나.

하지만 기대하지 않으련다. 이보다 좋아지면 얼마나 더 좋아질 것

이며 어려우면 얼마나 더 어려우랴. 오늘 살아있음이 축복이요, 하루하루 성실한 삶에 만족하면 되지.

인생 후반전에 아쉬움이 있다면 연장전이 또 남아 있지 않은가. 결코 시간이 부족하지 않다. 흘러간 세월 되돌릴 수 없다 해도 남은 세월 뜻있게 살아가면 그만 아닌가.

열 두 해 뒤에 다시 한 번 더 나의 띠를 맞이하길 바란다면 욕심일까.

영화 '국제시장'

을미년 새해에 접어들면서 영화 '국제시장'이 극장가의 화두다. 개봉 두 달여 만에 일천사백만 관객을 불러 모았다고 한다. 유명정치인을 비롯하여 대통령도 일부대목을 공식석상에서 인용하고 관람하였다는 보도까지 나왔다.

근년 들어 '해운대' '변호인' '명량' 등이 세인의 눈길을 끌었어도 그냥 넘기고 말았지만 이번만은 끝내 극장을 찾았다. 특별히 마음을 끌게 한 연유가 있다. 주인공 윤덕수가 질곡의 한국 현대사를 함께 헤쳐 나온 동년배인 데다 한 가정의 가장과 아버지로서의 역할이 얼마나 힘들고 어려운 것인지 알고 싶었기 때문이었다.

화면의 시작은 백발이 된 노부부가 삶의 궤적을 회상 하는 데서 출발하여 흥남철수상황으로 전개된다. 마지막 장면은 혹독한 세월을 살아온 주인공이 아버지 사진 앞에서 오로지 가족을 위하여 몸뚱이 하나로 버텨낸 자신을 되돌아보는 것으로 막을 내린다. 그 안에는 피난

길에서 어린나이에 아버지와 여동생을 잃고 가정을 지켜내야 할 임무를 짊어진 한 인간의 험난한 인생역정이 일련의 파노라마가 되어 펼쳐진다.

주인공은 보다 나은 가족의 삶을 위하여 두 번이나 사지와 다름없는 머나먼 이국땅에서 불굴의 정신으로 제 한 몸을 던졌다. 더러는 웃음이 나오기도 하고 눈시울을 적셔야 하는 장면도 수차례 나온다. 한 가정을 위한 가장의 파란만장한 이야기는 전쟁과 가난을 겪어보지 못한 요즈음의 젊은이들이 부모세대를 이해하고 소통의 장을 넓히는데 도움이 되면 좋을 것이라 여겨진다.

한편으로 노인들의 해묵은 넋두리가 아닌지 하는 생각도 든다. 누구나 당연히 짊어져야 할 가장의 임무를 너무 돋보이게 한 것 같기도 하다. 하지만 여기엔 피땀 흘려 한강의 기적을 이룩한 산업전사자들과 민주화를 위하여 희생한 시대 아픔에 대한 이야기는 하나도 없다. 오직 한 가정을 지켜내기 위한 가장의 이야기만 들어있을 뿐이다.

자식에게는 절대 가난을 물려주지 말자는 아버지의 다짐이 들어있다. 이 영화야말로 그 시절 험난한 세파와 싸워 오늘의 대한민국을 만들어 낸 모든 아버지들의 자화상이 아닐는지.

몇 가지 대사가 아직도 귀에 쟁쟁하다. 친구인 오달수가 주인공 덕수에게 파독광부 지원을 함께 하자며 "인생은 타이밍이다. 다 때가 있다는 말이지" 가 그 하나다. 전쟁이 한창인 베트남으로 동생의 결혼자금 마련을 위하여 가려할 때 그의 부인 영자가 남편을 사지에 절대로 보낼 수 없다며 "왜 당신의 삶에 당신은 없나요, 이제 당신 인생을 좀 살아 보라 구요"라며 애원한다. 그래도 떠나고 만 남편이 베트남에서 부인에게 보낸 편지에 나오는 한 구절, "내는 그리 생각한다. 힘든 세월에 태어나 이 힘든 세상 풍파를 우리 자식이 아니라 우리가 겪은 것이 참 다행이라고." 이 한마디는 같은 시대를 살아온 우리네 모든 아버지들이 후손을 위하여 애써 장만한 유산을 대신한 말처럼 들린다.

이십여 년 전에 읽었던 소설 '가시고기'가 떠오른다. 가시고기는 암컷이 알을 낳은 즉시 어디론가 가버리면 수컷은 먹을 것도 제대로 먹지 못하고 부화가 될 때까지 몇 달이나 그 옆에서 잠을 자지 않으며 지킨다고 한다. 알에서 깨어나면 제 몸의 살을 모두 새끼에게 바치고 일생을 그 자리에서 마친다니 거룩하다 하지 않을 수 없었다. 가족을 위한 사랑과 희생을 하찮은 동물에 비유할 수 없지만 그만큼 속마음이 깊지 않은 사람이 누가 있으랴.

자식은 아이를 낳아본 후에야 아비 마음을 안다고 했던가. 사회가 어지럽거나 가정이 어렵게 될수록 아버지는 더욱 든든한 버팀목이 되어야 한다. 그래서 더 고독할 수밖에 없다. 가장의 책무가 태산같이 무겁지만 진솔하게 털어 놓지 못하고 속으로 태우기만 할 뿐이다.

겉으로는 강한 체하면서 눈물을 보이지 않지만 한없이 여리고 약하기 그지없다. 드러내기 서먹하여 속으로만 태우며 내색조차 하지 않는다. 내 모두를 바쳐 한없이 주고 싶지만 입 밖으로 말을 꺼내지도 못한다. 자식사랑 가족 사랑이 어찌 어머니에게 비길 수 있으랴만 결코 그보다 못하지도 않을 것이다.

칠십 평생, 모진세월 견뎌내고 웬만큼 살아오지 않았느냐며 자신을 뒤돌아본다. 어느덧 백발이 성성하고 육신은 만신창이가 되었다. 숨가쁘게 달려왔지만 내 놓을 만 한 것 하나 제대로 없다. 그래도 후회없이 살아왔으니 내방에 걸린 아버지 사진 앞에서 나도 덕수가 되어본다.

"아부지, 지도 이만하면 잘 살았지 예. 근데 진짜 힘들었거든 예."
뒤늦게 철이 든 자식이 되어보지만 눈길만 주실 뿐 대답이 없으시다.

영화 '국제시장'은 세상의 모든 아버지에게 바치는 자식들의 헌사(獻辭)가 아닐까.

구국의 성지 통영

해병대 통영상륙작전 기념관을 찾았다. 원문고개 근린공원 내에 자리한 기념관은 기존의 해병대 전적기념비와 남망산 공원에서 옮겨온 충혼탑과 삼일운동 기념비를 옆에 두고 있다. 선열들의 애국심을 기리고 조국의 안보와 국방의 중요성을 깨닫게 하는 곳임을 느끼게 하였다.

고등학교 이 학년 때로 기억된다. 전 학년이 하루씩 교대로 수업을 제쳐두고 원문고개 한편에 해병대 전승기념비를 세우는 사역에 동원된 적이 있다. 땅 파는 기계 하나 없던 시절 네 시간여, 괭이로 땅을 파고 거적으로 흙과 돌을 나르면서 불평하던 일이 새삼 떠오른다. 그날 터를 닦던 그 전적비는 어떤 모형으로 만들어졌는지도 모른 채 수십 년이 흘러갔다. 제대 후 몇 년간의 객지 생활을 제외하곤 줄곧 이 고장에 살아왔는데도 진작 여기한번 찾아보지 않았음은 호국사상이 부족했던 때문이었을까.

원문고개는 예부터 통영반도의 관문이요 시가지 진입의 길목이었다. 유사시엔 검문검색과 군사적 요새지로서 매우 중요한 역할을 하는 곳이다. 삼백 년 통제영 시대엔 이백 명의 통제사가 이 고개를 통하여 부임과 퇴임을 하였다. 통영 사람들이 더 넓은 세상으로 나가려면 반드시 넘어야 하는 고개이기도 하다. 오늘날엔 죽림과 무전 신시가지를 내려다보며 의료, 교육, 교통의 요충지로 주목받으면서 하루가 다르게 변모하고 있다.

고개 한 편에 자리 잡은 기념관 앞에 섰다. 건물 외관은 상륙정을 형상화하였으며 주위에 탱크와 상륙정 등 군사장비 몇 대도 전시되어 있다. 소나무 가지 드리운 사이로 호수처럼 잔잔한 북신만이 내려다보이고 기둥 크기로 자란 은행나무 아래 벤치도 놓여 있다. 솔향기 맡으면서 걸을 수 있는 산책로도 닦아 놓았다.

호국정신을 가다듬게 하면서 휴식과 사색을 동시에 즐길 수 있는 호젓한 공원이 여기 있을 줄이야. 날이 갈수록 이곳이 새로운 명소로 부각되어 시민은 물론 관광객의 발길이 잦을 것 같다. 하루빨리 이곳이 널리 알려져 호국충정의 선양지로 부각되었으면 한다.

문을 열고 오른쪽의 디오라마 관으로 들어섰다. 6·25전쟁 당시 한국 해병대의 통영상륙작전에 대한 전황이 상세하게 기록되어 있고 당시의 전투상황이 영상물로 비춰지고 있다. 영상물과 기록화를 보면서 한국 해병대의 통영상륙작전 개황을 알아본다.

해병대 통영상륙작전은 1950년 8월 17일 새벽 김성은 해병 중령이 이끈 부대가 해군함정의 지원사격을 받으면서 통영읍 용남면 장평리 해안에서 기습적인 상륙작전을 펼치면서 시작되었다. 그날부터 삼일

동안 격전을 치른 본 전투는 한국군 최초의 단독 상륙작전으로 큰 의미를 지니고 있다.

이 전투에서 우리 해병대는 적과 육박전을 치르면서 망일봉을 선제 점령하고 원문고개에 강력한 방어진지를 구축하여 적군의 퇴로와 추가병력의 진입을 차단시킴으로써 승기를 잡게 되었다. 연이은 시가지 전투에서도 승리를 거둠으로써 적의 수중에 들어가 있던 통영을 완전히 탈환하였다.

전과로는 적군 550여 명을 사살 또는 포로로 잡았으며 차량 12대를 포함하여 야포 소총 등 300여 점의 장비와 무기를 노획하였으며 아군 전사자는 15명이었다고 한다

본 작전의 승리는 당시 낙동강 전투에서 방어에만 급급하던 국군과 유엔군의 사기를 크게 진작시켜 적화통일을 눈앞에 두었던 북한군의 전세를 뒤엎는 계기로 만들었다. 약 한 달 후에 감행된 맥아더 장군의 인천상륙작전 성공과 서울 탈환 등 아군이 북진할 수 있는 효과를 가져오게 하였다.

만약 이 작전이 실패로 끝났다면 당시 적군의 마지막 공격 대상으로 남아 있던 마산과 진해, 부산까지 적의 수중으로 들어가 한반도 전체가 공산화되어 오늘의 대한민국은 영영 없어졌을지도 모른다.

전투종료 나흘 뒤 본 작전의 성공을 세계에 알리기 위하여 원문고개를 찾은 미국 일간지 뉴욕헤럴드의 여성종군기자 마거릿 히긴스는 "그들은 귀신이라도 잡을 것 같았다."는 문구를 본사에 타전하여 대서특필 보도되었다. 오늘날 우리 해병대의 애칭이요 별칭이기도 한 '귀신 잡는 해병'은 바로 여기서 유래되었다고 전하여진다.

작전을 성공적으로 끝낸 김성은 부대장은 다음날 충렬사를 방문하여 이충무공 영전에 참배를 드렸다. 한산대첩이 끝난 지 약 삼백육십여 년 뒤에 호국정신을 제대로 이어받은 후예를 만난 이충무공께서 얼마나 흐뭇 해 하셨을지.

해병대 통영상륙작전의 성공이야말로 통영이 구국의 성지임을 다시 한번 일깨워 준다. 임진왜란 당시 충무공 이순신 장군께서 한산도 앞바다에서 왜군을 대파시켜 바람 앞에 등불 같았던 나라를 구하였던 한산대첩의 대승리와 일맥상통한다. 이러니 어찌 통영을 구국의 성지라 하지 않으리오.

기념관을 나오면서 나라를 위하여 어떤 마음과 정신으로 살아야 할지 생각하여 보았다. 소시민의 한사람으로 사회규범과 질서를 올바로 지키며 맡은 일에 충실하리라 마음먹었다.

충혼탑 앞에 다시 서서 살신성인한 선열들의 애국정신을 받들고자 깊은 묵념을 올렸다.

송천 박명용 통영예술인상

통영은 자타가 공인하는 문화예술의 도시이다. 그 뿌리는 사백여 년 전 이곳에 설치되었던 삼도수군통제영에 속한 십이 공방에서 유래되었다고 볼 수 있다.

십이 공방은 삼백여 년 간 유지되었던 통제영 시대에 최고의 공예품을 만들어 내던 곳간 이었다. 거기서 만들어 나온 통영갓, 통영소반, 통영자개, 통영부채, 통영 연, 두석장롱, 나전칠기가구 등은 다른 어느 곳의 생산품과도 비교할 수 없는 양질의 예술품이기도 하였다.

시대의 변화에 의하여 이름을 날렸던 위의 물품들은 이미 사라졌거나 사라져 가고 있다. 하지만 통영사람들의 혈관 속에는 실용성과 아름다움을 추구하던 장인들의 유전자가 아직도 흐르고 있는 듯하다. 오늘날에도 지역 특산품인 나전칠기 공예품을 비롯한 옻칠공예품 누비제품 등은 그 섬세함과 화려함에 있어 타의추종을 불허할 정도로 인기를 끌고 있음은 이를 증명하고도 남는다.

현재 통영엔 기존 유명 예술인들의 뒤를 이어 문화예술 활동을 하고 있는 사람 또한 사오백 명에 이른다. 이들은 예향의 후예로서 열악한 환경을 극복하며 묵묵히 자기의 길을 걸어가고 있다. 그들 중에는 중견예술인으로 성장한 분도 있으나 너무 유명한 선배예술인들의 그늘에 가려 빛을 발하지 못하거나 지역적 한계를 벗어나지 못하는 예술가도 상당수에 이른다.

이들 대부분은 특정 예술단체에 소속되어 해당 분야에서 열심히 활동하고 있지만 또 어떤 사람들은 개인 또는 동아리형식으로 드러나지 않게 활동하기도 한다. 하지만 예술인 개인에 대한 대우나 사기진작을 위한 혜택은 미약하다. 특정분야를 이수하였거나 장인으로 선정된 몇 분을 제외하면 예향통영 이란 말이 무색할 정도이다. 단지 문학부문에 한하여 통영시 문학상이 있으나 이는 전국문인을 대상으로 하기에 지역문인들의 수혜는 매우 힘들다.

이런 현실을 주시하여 오던 향토기업인 한 분이 지역예술인의 사기진작과 후진양성을 위하여 통영예술사에 길이 빛날 통 큰 기부를 하였으니 이런 좋은 일이 어디 또 있으랴. 이분이 바로 통영소재 조흥저축은행 송천 박명용 이사장이시다.

박 이사장님은 일찍부터 뜻한바 꿈을 안고 조흥금고를 설립, 젊음을 온통 바쳐 마침내 금융기업가로 대성하셨다. 그것도 전국의 중소도시 가운데 금융기관 간의 경쟁력이 가장 치열한 통영에서 당당하게 성공하였다. 무수한 세월 지나는 동안 숫한 어려움을 맞이하였으나 굳센 의지와 투철한 경영철학으로 난관을 극복, 조흥저축은행을 전국 동종 업계 최상위의 금융기관으로 우뚝 서게 만들었다. 자수성가한

향토기업 대표자의 한 사람이요 기업의 사회 환원을 스스로 실천하는 모범 기업인이라 말하지 않을 수 없다.

사년 전 이사장님께서 남은 생애 지역민을 위하여 보다 차원 높은 지원방안을 강구하던 중 때마침 당시 통영예총 서유승회장의 통영예술인을 위하여 조그마한 도움을 바란다는 제의를 받았다. 그 며칠 후 박 이사장께서 서유승 회장에게 날짜를 지정하여 당신이 가장 신뢰할 수 있는 한 사람과 사무실을 방문하라는 연락을 하셨다. 이에 서 회장은 예총 감사였던 저에게 동행을 요청하여 함께 자리하게 되었다.

2015년 10월 15일 오전, 단 세 사람이 모인 박 이사장님의 집무실에서 서회장과 더불어 지역예술계의 현안을 진지하게 설명하며 도움을 요청하였다. 두 사람의 말을 모두 듣고 난 이사장님은 통영예총에 해마다 5,000만 원을 쾌척하겠다고 말씀하였다. 기대했던 것보다 몇 배나 더 큰돈을 기부한다니 처음엔 귀를 위심하였다. 너무 고마워 구세주라도 만난 듯 가슴까지 뛰었다.

그 자리에서 들은 박 이사장님의 말씀을 지금도 잊을 수 없다. 통 큰 기부에 몇 번이나 고맙다는 말을 하자 오히려 "뜻있는 곳에 가치있게 돈을 쓸 수 있도록 제안해준 당신들이 고맙다"며 반기는 표정을 지었다. 기업가로서 수행하여야 할 사회 환원의 모범사례라 하지 않을 수 없다.

드디어 2015년 11월 3일 박이사장님의 집무실에서 한산신문 입회하에 통영예총과 조흥저축은행 간에 역사적인 MOU를 체결하였다. 조흥저축은행에서 매년 5,500만 원을 통영예총에 기탁하고 통영예총은 이에 대한 보답으로 〈송천 박명용 통영예술인상〉을 제정하여 당해 연도부터 매년 시행토록 약정하였으며 금액 중 일부를 학생예술발전을 위하여 집행토록 하였다. 이 상은 통영예술인들의 꿈이요 희망이다. 또한 예향 통영의 미래를 비추는 등불이요 지역 예술발전을 위한 찬란한 표상으로 영원히 기억될 것이다.

역경을 이겨내고 당당히 기업을 성공시켜 그 이익의 일부를 지역예술가를 위하여 베푸는 인정은 아무나 할 수 없다. 진정한 향토사랑을 지닌 위인만이 해낼 수 있는 위대한 공적이다.

송천 박명용 통영예술인상은 지역예술인의 사기를 높이는 진정한 선물이요 예향 통영을 살찌게 하는 자양분이다. 본 상의 권위를 더욱 높이고 계속 이어가게 하는 것은 통영예술인 모두의 책임이며 의무이기도 하다.

제4회 시상과 더불어 박 이사장님의 건승과 조흥저축은행의 무궁한 발전을 기원한다

윤이상을 품어 재우자

통영이 낳은 위대한 음악가 윤이상이 돌아왔다. 고향을 떠난 지 마흔아홉 해 만이요 수륙만리 이국땅 독일에서 운명한 지 스물세 해 만이다.

베를린 가토우 공원묘지에 안장되어있던 유해가 무술년 이월 국내로 이송되었다. 통영추모공원에 임시 봉안되었던 유해는 유족의 손으로 한 달여 뒤 통영국제음악당 경내에 마련된 묘소에 영구 안치되었다. 바다가 보이는 곳에서 파도소리를 자장가처럼 들으며 묻히고 싶다던 소원은 이루어졌다. 하지만 영혼도 함께 편안히 잠들 수 있을지 염려스럽다.

삼월 끝자락 날 오후, 생전에 돌아가 눕길 바라던 고향 땅 작은 묘소에서 조용히 추도식이 거행되었다. 봄 햇살이 따사하게 내려 비치는 그곳엔 가지를 스치는 바람소리, 새 풀잎 돋아나는 소리, 동백망울 트는 소리, 화사하게 피어나는 벚꽃소리가 들렸다. 언덕 아래 펼쳐진 바다에선 물결 일렁이는 소리, 뱃고동소리, 갈매기 울음소리에 물고기가 헤엄치는 소리도 들렸다. 사방을 바라보니 아버지 따라 밤낚시를 다니던 바닷가 바로 그 언덕 주변이다. 생전에 돌아왔으면 이런 소리들을 우려내어 오선지 위에 또 다른 새 명품교향곡 한편 그려냈을 법 하다.

유명 예술가는 죽어서 고향으로 돌아오는가. 통영엔 죽어서 돌아온 예술가가 둘 있다. 지금부터 십 년 전, 소설가 박경리는 눈을 감은 채 돌아왔지만 화려한 귀향이었다. 장례를 치루던 날 강구 안 문화마당과 시내 중심거리는 인산인해를 이뤘다. 꽃상여를 앞세워 묘소로 향하던 길엔 수백 개의 만장이 하늘을 뒤덮듯 휘날렸다. 그 장관을 지금도 잊을 수 없다.

이번엔 국내에서 보다 외국에서 더 잘 알려진 음악의 거장 윤이상이 돌아왔다. 꿈에 그리던 고국으로 어렵게 돌아왔지만 고향은 그의 귀향을 떳떳하게 받아들이지 않았다. 유해의 묘지 안장조차 어느 날에 이루어 졌는지 모를 정도로 몰래 이뤄지다 시피 하였다. 초라한 귀향과 외로운 안장에 서운함이 앞섬은 나 혼자만이 아니리라.

추도식이 거행되던 그 시간에도 저 아래 한쪽에서 귀향과 이장(移葬)을 반대하는 목소리가 확성기를 타고 간간이 들려왔다. 이웃한 두 현장이 보이지 않은 벽으로 가로막혀있는 현실을 보며 '예술은 국경이 없다고 하는데 예술가는 국경이 있는가?'라는 말이 떠올랐다. 위대한 예술가로 존경받아야 할 인물을 환대하지 못하는 안타까운 현실이 마음을 아프게 한다. 남북분단이 가져다준 이념적 모순으로 돌릴 수밖에 없다.

윤이상은 한때 동백림 사건에 연루되어 옥고를 치르다 대통령 특사로 풀려난 뒤 서독으로 귀화하였다. 이후 베를린 예술대학 등에서 교수 및 음악가로 활동하며 세계적인 작곡가로 성장하였다. 그는 동서양의 사상을 융합시켜 현대음악에 새로운 지평을 연 작곡가로 평가받았다고 한다. 우리가 모르는 사이 세계적인 음악가로 우뚝 서 있었지만 국내 일부에선 비판의 소리 또한 들리기도 하였다.

독일 귀화 후 수차례 북한을 방문하여 친북활동을 하였다는 이야기는 여기에 올려놓지 않겠다. 음악을 통하여 남북화해와 평화통일을 위하여 노력하였다는 부분 또한 전혀 무시할 수 없을 것 같기도 하다. 어찌 보면 이념이란 동전의 앞뒤 면과 같을지 모르겠다. 남북대치 상황은 아직도 계속되지만 세상도 많이 바뀌고 있으니 시대와 이념을 초월하여 따뜻하게 품어 재웠으면 한다.

통영이 윤이상을 품어야 할 이유가 분명 있다. 인간의 머릿속에 가장 오래도록 남아 있는 것 중의 하나가 학교 다닐 때 부르던 교가이다. 교가는 꿈과 희망 그리고 고향사랑의 증표이기도 하다. 그 구절 어딘가에는 고장의 역사나 지역의 명칭이 반드시 들어있다. 그는 통영초등학교를 포함하여 유영, 충렬 등 여덟 개 초등학교 교가는 물론 통영여자중고등학교 와 통영고등학교 교가도 작곡하였다. 통영에서 초등학교를 다닌 학생 중 적어도 팔할(八割)정도는 윤이상이 작곡한 교가를 부르며 자랐고 앞으로도 계속 자라날 것이니 어찌 그를 품지 않을 수 있으랴.

이뿐만 아니다. 명문인 마산고등학교 부산고등학교 고려대학교 교가도 작곡하였다. 그만큼 우리 어린이와 젊은이들에게 꿈과 야망을 심어주어 이 나라의 인재를 키우는 데 기여하였다. 독일의 소설가 루 이제린저는 그를 '상처 입은 용'이라 불렀다. 남북의 이념적 갈등에 휩싸여 조국 땅을 밟지 못한 아픔이 서려 있는 이름이기도 하다.

그동안 윤이상을 너무 모르고 살아왔다. 솔직히 사상적 이념을 앞세워 알려고도 하지 않았다. 살아있던 동안 조국과 고향을 사랑할 수밖에 없었던 마음을 뒤늦게 알게 되었다.

통영은 유엔이 지정한 음악창의 도시로 제이의 찰즈브르크를 꿈꾸고 있다. 봄이면 통영국제음악제가 화려하게 열리고 거리는 프린즈 공연으로 아름다운 선율이 흐른다. 이 또한 윤이상이란 음악가 덕분이다. 도천테마공원이 윤이상 공원으로 이름이 바뀌듯 통영국제음악당도 언젠가 윤이상 음악당으로 바뀔 날이 올 것이다.

윤이상이 편안하게 영면할 수 있도록 품어 재우자. 더 이상 상처받는 용이 되지 않도록.

청마우체국에 이름표를 달자

전국의 젊은이들이 어느 장소에서 다음의 대화를 주고받는 날은 언제쯤 올까?

"청마우체국, 이 얼마나 멋진 이름인가 !"

"청마우체국이 어디에 있는데?"

"에이 이 사람, 아직도 모르고 있다니. 통영에 있지, 거기에 가면 편지 한 통 꼭 써야 하는 마음이 저절로 생겨난다네."

"그럼, 나도 한번 꼭 가봐야 하겠네."

연인에게 전하는 애틋한 마음을 편지로 전달하던 시절을 생각하며 상상 속의 청마우체국을 그려본다.

지금은 전화로 인터넷으로 카톡으로 이십 사 시간 상대방과 대화를 할 수 있지만 청마가 연애하던 시절엔 말 못 할 사연을 편지로 전달하였다. 편지는 그 사람을 직접 대하는 것보다 더 진정한 사랑을 느낄 수 있게 만들기도 하였다.

삼사십 년 전, 편지를 애타게 기다리던 그 시절이 그립다. 요즈음 대문간에 쌓이는 우편물은 공과금청구서나 모임 안내장, 아니면 금융기관의 이자 납입통지서, 보험료 납입안내서, 물품구입 할부금 독촉장 등이 대부분이다. 그때는 주로 군대에 간 아들이 부모나 아내, 연인에게 보내온 것이거나, 객지에 돈 벌러 갔거나 공부하러 간 자식이 보낸 편지들이 대부분이었다. 그리고 저 멀리 외항선을 타거나 중동지역 또는 월남 등지에 근로자로 파견되어 고국의 부모·형제에게 보내는 편지도 많았다.

한때는 펜팔이 유행되어 많은 사람들이 우편을 통하여 글을 주고받았다. 얼굴도 모른 채 여러 차례 서로에게 글을 보내다 보니 정이 쌓여 연인이 되거나 좋은 친구가 되기도 하였다. 당시 편지는 대문간에 쌓일 틈도 없이 바로 받는 이에게 전달되었다. 편지를 기다림은 그 자체가 희망이요 행복이기도 하였다. 어쩌다 예정보다 며칠이라도 늦거나 오랬 동안 답신이 없으면 하루에도 몇 번이나 대문간을 쳐다보며 공연한 걱정으로 잠을 제대로 이루지 못하였다.

우체부가 대문 앞에서 “편지요” 하면 신발을 신지 않고 뛰어나갈 정도로 급히 나가 건네받았다. 어떤 사람은 글을 몰라 이웃이 대신 읽어주기도 하였다. 편지를 읽으며 웃기도 하고 울기도 하고, 때로는 온 동네 사람들에게 자랑하며 기쁨을 함께 나누기도 하였다. 요즈음 시대엔 진솔한 마음이 담긴 편지가 없어졌으니 세상이 더 삭막해진 것 같기도 하다. 새로이 편지쓰기 운동이라도 일어났으면 좋으련만….

사랑을 받느니 보다 행복하나니라
오늘도 나는
에메랄드 빛 하늘이 환히 내다뵈는
우체국 창문 앞에 와서 너에게 편지를 쓴다.

청마 유치환이 지은 「행복」의 첫 구절이다. 이 시의 전문을 읽다 보면 이성에 눈뜨는 십 대, 사랑을 하고픈 젊은이, 기성세대 누구도 이토록 진한 양귀비 사랑을 해 볼 수 있다면 얼마나 행복할까 하는 마음을 일으키게 한다.

누군가가 마음속에 남아있는 애송시 하나 말하여 보라 하면 서슴없이 이 시를 떠올린다. 순정을 갈망하던 시절 환상의 그녀에게 사랑의 편지를 보낼 때 동봉하기 위하여 읽고 또 읽었기에 아직도 머릿속에 생생하게 살아있다.

통영시 중앙동우체국 정문 앞에 이 시가 책 형상의 돌에 새겨져 있다. 청마시인이 젊은 시절 연인이었던 이영도 시인에게 수천통의 편지를 써서 부쳤다는 바로 그 우체국이다. 여기서 불과 이십 여 미터 떨어진 곳에 이영도 시인의 수예점이 있었다는데 청마는 매일 우체국 창문으로 그녀를 빤히 바라보면서 그 많은 편지를 보냈다고 한다. 과히 편지의 시인이라 말해도 좋으리라.

우체국 후문 앞에는 청마의 흉상과 「향수」 시비가 놓여있으며 사오십 미터 위쪽엔 그가 살았던 집과 부인 권재순 여사가 운영하던 문화유치원이 있었다. 통영시는 중앙동우체국 으로 부터 세병관 입구 대로변까지를 청마거리로 지정하였다. 이 주변 일대는 청마의 손길과 발길이 매우 진하게 배어있는 곳이기에 청마거리 지정은 너무도 당연하다. 하지만 청마와 그토록 사연이 깊은 이 우체국을 〈청마우체국〉이란 이름으로 전환될 날은 언제 오게 될는지.

미국 샌프란시스코에는 도산 안창호우체국이 있으며 춘천에는 김유정역이 있다. 이처럼 우리나라 도시의 큰 도로나 특정 건물은 그 지역출신 유명인의 이름을 붙인 것이 많이 있다. 청마 유치환은 근대한국문단의 큰 인물 중의 하나이다. 통영의 중앙동우체국은 그가 지은 「행복」에 나와 있듯 그의 흔적이 가득 묻어 있는 곳이다.

한때 통영문인협회에서 이곳을 청마우체국으로 이름 바꾸고자 편지쓰기대회를 몇 년간 개최하는 등 일련의 노력을 계속하였으나 한계에 부딪혀 뜻을 이루지 못하였다. 그때부터 십여 년이 지난 지금 통영시는 이 일대를 도시재개발 사업으로 리 모델링 하고 있다. 때를 같이 하여 통영시장님은 중앙동우체국을 청마우체국으로 이름표를 바꿨다는 일도 동시에 추진하여주길 바라는 마음 간절하다.

이 일이 이루어진다면 많은 젊은이들이 설렘을 안고 이곳을 찾을 것이며 청마거리에 얽힌 스토리 또한 더욱 가슴을 파고 들 것이다.

청마의 체취와 숨결이 살아있는 듯한 느낌을 주는 그 우체국에 '청마'라는 이름표를 달면 통영은 분명 문화예술도시로서의 위상이 한 단계 더 높아질 것이다.

청마우체국, 이 얼마나 멋진 이름인가.!

조용필의 '돌아와요 부산항에' 얽힌 사연

한때 국민가요로 불러지다 시피 했던 노래 '돌아와요 부산항에'의 원작은 '돌아와요 충무항에' 이다.

충무는 통영군 통영읍이 시로 승격되면서 붙여진 이름이었는데 이후 도농통합정책에 의하여 다시 통영으로 부르게 되었다.

'돌아와요 부산항에'는 조용필을 무명의 가수에서 일약 스타로 만든 대 히트곡이다. 1970년대에 청·장년기를 보낸 대한민국 국민이라면 이 노래를 모르는 사람은 거의 없을 것이다. 그런데 이 노래가 스물 한 살의 아까운 나이로 요절한 통영(당시 충무) 출신 가수 김해일(본명 김성술)이 부른 '돌아와요 충무항에'가 원곡임을 아는 사람은 그다지 많지 않은 듯하다.

'돌아와요 충무항에'의 작사자는 김성술, 작곡자는 황선우로 되어있다.

가사 1절: 꽃피는 미륵산에 봄이 왔건만/ 임 떠난 충무항은/ 갈매기만 슬피 우네/ 세병관 둥근기둥 기대어 서서/ 목매어 불러 봐도 소식 없는 그 사람/ 돌아와요 충무항에 야속한 내님아.

가사 2절; 무악 새 슬피 우는 한산도 달밤에/ 통통배 줄을 지어/ 웃음꽃에 잘도 가네/ 무정한 부산 배는 님 실어 가고/ 소리쳐 불러 봐도 간 곳 없는 그 사람/ 돌아와요 충무항에 야속한 내 님아.

당시 부산과 여수를 오가던 연락선으로 사랑하는 사람이 떠나간 장면을 한 장의 그림 보듯 생생하게 떠오르게 한다. 오십여 년 전 통영(충무)항의 정경이 고스란히 담겨있어 추억과 낭만에 젖어들게 만든다.

김해일은 이 노래를 1970년 12월 유니버설 레코드사에서 발매한 앨범(K-Apple/28) B면 두 번째 트랙에 취입 하였다. 본 음반에는 이 노래와 함께 김해일의 '떠나간 당신' '믿어주세요' '쓰라린 상처라면'의 4곡과 이장용의 '너는 사랑의 나그네'를 비롯하여 김국환의 '발길 돌리는 여인 등 총 12곡이 수록되어있다.

조용필이 부른 '돌아와요 부산항에'의 작사 및 작곡자는 황선우 이다. 가사 1절은, 꽃피는 동백섬에 봄이 왔건만/ 형제 떠난 부산항엔 갈매기만 슬피 우네/ 오륙도 돌아가는 연락선마다/ 목매어 불러 봐도 대답 없는 내 형제여/ 돌아와요 부산항에 그리운 내 형제여/ 로 되어 있다.

'돌아와요 부산항에'는 '돌아와요 충무항에' 보다 2년 후에 발표되었다. 두 노래는 동일 작곡자에 가사 내용에 있어 앞의 노래는 임과의 이별을, 뒤의 노래는 형제의 이별을 그리는 것으로 충무와 부산이라는 지명만 다를 뿐 의미와 내용면에서 누가 봐도 거의 동일하다고 볼 수 있다. 김해일은 자신이 직접 지은 가사를 황선우에게 곡을 붙이게 하여 노래를 불렀지만 그의 짧은 생애와 더불어 크게 유행하지 못하였다. 하지만 황선우작곡가는 김해일의 가사에 자구를 수정하여 동일한 곡을 붙여 조용필에게 건네 국민가수가 되게 하였으니 세상의 일이란 참으로 알 수 없기도 하다.

김해일은 1951년 통영출생으로 가수 겸 작사가로 꿈을 키웠으며 본명은 김성술 이다. 나이 열일곱에 '동백꽃이 필 때면' 이라는 노래로 첫 데뷔를 하였으며 스무 살 때인 1970년 원곡시비로 문제작이 된 '돌아와요 충무항에'를 본인 작사 황선우 작곡으로 세상에 내 놓았다. 그는 이 노래 취입 일 년 후인 1971년 12월 25일 서울 대연각 호텔에 숙박 중 대 화재가 발생하여 스물한 살에 요절하였다. 그가 죽은 뒤 그의 부모는 쓰라린 가슴을 가눌 길 없어 아들의 유품인 음반을 대부분 수거하여 불에 태워 버렸다고 전하여진다. 이로 인하여 가수 김해일은 제대로 피어보지 못한 채 우리의 기억 저편으로 사라지게 되었다.

김해일이 죽은 일 년 뒤(1972) 작곡가 황선우는 곡이 아까워 노래제목과 가사를 고쳐 조용필에게 넘겨주었다. 사연을 모르는 조용필은 황선우 작사 작곡으로만 알고 통기타 반주로 취입하였으나 널리 불러지지 않았다. 그러다 기회가 왔다.

1976년부터 재일동포의 모국방문이 시작되었다. 수십 년간 떨어져 살던 재일 동포들이 하루에 수백 명씩 부관(釜關)연락선을 타고 부산항으로 입국하였다. 때맞춰 모 레코드사에서 조용필에게 이 노래를 트로트 록 형식으로 다시 부르게 하였더니 시대상황과 맞아떨어져 폭발적인 인기를 얻게 되었다. 전국은 물론 바다건너 일본에 이어 동남아 일대까지 퍼져나갔다. 이로 인하여 조용필은 곧바로 국민가수로 올라섰다.

‘돌아와요 부산항에’의 원곡이 ‘돌아와요 충무항에’ 임은 사실로 밝혀졌다. 2004년 가수 김해일의 어머니(강모 씨)가 이 노래의 작사자 겸 작곡자로 되어있는 황선우 씨를 상대로 저작권 침해에 대한 손해배상과 함께 3개 일간지에 해명광고를 내도록 소송을 제기하였다. 2007년 법원은 “피고는 원작의 가사에 곡을 붙이게 되면서 알게 된 가사를 이용해 ‘돌아와요 부산항에’를 작사한 사실이 인정된다며 원고에게 3천만 원을 지급하라”는 원고 일부승소 판결을 내렸다. 이러한 사연을 알게 된 지는 불과 두어 달 전이다.

지인으로부터 카톡 문자가 왔다. 우리 고장과 관련된 좋은 노래하나 보내니 꼭 들어 보라 하였다. 펴보니 2016년 가수 홍원빈이 불러 전국 톱 가요 10에 들었다는 ‘돌아와요 충무항에’다. 며칠이 지나면서 다른 몇 사람이 또 보내왔다. 평소 누구나 부를 수 있는 고향노래 하나 제대로 없다는 아쉬움에 관심을 기울여 위와 같은 내용을 알게 되었다.

세상만사는 다 때와 운이 있는가 보다. 만약 가수 김해일이 요절하지 않았다면 이 노래는 어쩌면 그 선에서 사장 되었을지 모른다. 그는 비록 단명하여 안타깝지만 작곡가 황선우가 가사를 개사하여 조용필에게 넘기지 않았다면 국민가요가 되지 못하였을 수도 있다. 이를 보니 인생사는 역시 때와 운이 맞아야 함을 말해주는 것 같기도 하다.

인생은 짧고 예술은 길다 하였던가. 원곡을 부른 가수는 돌아올 수 없지만 그가 불렀던 노래는 되살아나 우리 곁으로 돌아오고 있다. 원곡 시비의 사연을 안고 수십 년 만에 다시 불려지는 고향노래 ‘돌아와요 충무항에’가 많은 사람들에게 사랑받는 노래가 되길 기대하여 본다.

4

아프니까 인생이다

_ 두 번째 직장에서의 첫 업무

_ 잃은 것과 얻은 것

_ 농협에서 맞은 606호 ·1

_ 농협에서 맞은 606호 ·2

_ 수필을 쓰는 이유

_ 나의 등단 작품의 탄생

_ 부부의 날에

_ 뒤늦은 후회

_ 두 병동사이에서

_ 건강원을 접으면서

두 번째 직장에서의 첫 업무

1974년 7월 서른한 살의 나이로 늦깎이 농협 맨 이 되었다. 육군제대와 동시 해군군무원 중견직원으로 채용되어 진해에서 약 팔 년간 근무하다 농협중앙회의 직원 모집에 응시하여 직장을 옮기었다.

임용통지서를 받았을 땐 가슴 뿌듯하였다. 농촌발전을 위한 기수가 되어 보겠다는 부픈 기대를 가지고 근무를 시작한 곳은 현재 농협은행 통영시지부인 통영군 농업협동조합이었다. 마침 새마을 운동이 요원의 불길처럼 전국 방방곡곡에서 일어나고 있었다. 피폐된 농촌에 새바람이 불어와 숙명처럼 여겨온 가난을 물리칠 수 있다는 희망을 가지던 시기이었기에 고향을 위하여 한 알의 밀알이 되어 보리란 기대감으로 가득하였다.

보직을 받고 막상 근무를 시작하고 보니 그것은 환상의 꿈에 지나지 않았다. 고교졸업과 동시에 입사한 동년배의 일부 동료는 이미 책임자인 상무로 근무하고 있는 데다 직급 또한 맨 말단인 '서기보' 라

하니 눈앞이 캄캄하였다. 비슷한 여건인 일반 동료들에 비하여도 오륙 년 또는 칠팔 년이 늦은 셈이었다.

맨 처음 맡겨진 업무 또한 고등학교 동기생이 주무계장으로 있는 구매계 업무보조에 전혀 생각지도 못한 농약판매 담당이었다. 상고 출신이기에 은행 업무엔 기초적인 지식을 가지고 있었지만 농약분야에 일면식도 없는 사람을 바로 현장에 투입하니 기가 찰 일이었다. 당시엔 면 단위 농협이 경제사업 체제를 완전히 갖추지 못하였으므로 시군 농협에서 직접 농약의 구매와 대 농민 판매사업을 겸하고 있었다.

보직 바로 다음 날부터 농약판매에 들어갔다. 벼가 한창 자라는 시기에다 그해엔 유달리 병충해가 심하였다. 사무실 후문 바로 옆 두어 평 남짓한 창고에 농약을 천정까지 쌓아놓고 하루에도 수십 명의 농민에게 농약을 팔아야 했다. 약품명을 바로 지정하는 농민에게는 그 약을 찾아주면 되었으나 할머니들은 주로 벼의 모양을 이야기하면서 어떤 약을 치면 좋으냐면서 묻거나 그 병에 맞는 약을 달라고 하면 참으로 난감하였다.

업무가 마음에 들지 않았음은 말할 것도 없었다. 농약판매 외에도 공제와 적금목표를 별도로 부여하여 주기적으로 실적관리를 하니 이 또한 괴로움이 아닐 수 없었다. 이광수의 소설 「흙」에 나오는 농촌계몽 운동의 주인공인 허숭이 되어 보겠다던 꿈은 간 곳 없고 전혀 생각지도 못하였던 농약을 팔고 있으려니 참으로 서글프다는 생각이 들었다. 전도유망하고 안정된 공무원 직장을 뿌리치고 스스로 택한 길이니 누구를 원망하랴.

어차피 주어진 업무이기에 피해 갈 수는 없지 않은가. 어느 직장이나

고비는 있기 마련이니 참아 내는 길밖에 없었다. 농약의 지식을 습득하기 위하여 제조회사에서 발행된 팸플릿을 전부모아 책처럼 묶어 집으로 가져가 며칠간 밤새 읽고 주요 내용은 메모를 하며 암기하였다.

개별제품의 특성과 성분은 제대로 알 수 없지만 어떤 병충해엔 어떤 제품을 써야 함을 무조건 외웠다. 농약의 농자도 모르긴 했지만 한 달 넘은 현장판매와 급하게 습득한 어설픈 지식으로 업무에 조금씩 자신이 생겨났으나 하루하루가 쉽게 넘어가지는 않았다.

팔월 하순의 오일장 날이었다. 장날에는 아침 일찍부터 많은 사람들이 농약을 사러 온다. 특히 섬지방의 사람들은 장도 보고 돌아가는 여객선 시간에 맞추기 위하여 서둘러 오신다. 업무개시 한 시간 전에 출근하여 판매에 임하였다. 여름 막바지에 이르러 병충해가 극심했기에 수요도 엄청나게 늘어나 평소 장날보다 훨씬 많은 농민들이 몰려들었다.

비좁은 창고는 살균제 살충제 제초제 등 독한냄새를 풍기는 제품들로 가득하여 발을 들여놓기만 해도 현기증이 일어날 정도이었다. 점심시간도 거른 채 정신없이 농약을 팔다 보니 얼굴과 등은 땀으로 범벅이 되었다. 오후 세 시쯤 되었을까. 사람들의 발길이 뜸해져 이제 점심이라도 먹어볼까 하는 순간 갑작스레 머리가 빙그르 돈다는 느낌과 함께 그 자리에 쓰러졌다.

동료의 등에 업혀 가까운 병원으로 옮겨져 두 시간여 만에 깨어났다고 들었다. 눈을 뜨자마자 김칫국물을 몇 사발이나 마시고 정신을 가다듬고 일어났다. 퇴근 후에는 주무인 친구가 삼겹살 파티를 열어주어 기운을 회복하였다. 농민지도 업무가 아니면 깔끔한 차림으로

은행 업무를 담당하리라던 기대는 간곳없고 호된 입사 신고를 치렀던 셈이다. 이 일을 계기로 어차피 농협에 입사 하였으니 어떠한 어려운 업무도 감당해 내리란 결심을 하게 되었다.

입사 초 년도에 가장 먼저 습득한 농약업무는 절망으로 다가왔지만 이후 회원조합의 책임자로 근무하는 동안 병충해 방제로 인한 농업생산력 증대에 깊은 관심을 갖게 만들었다. 그러던 어느 해 병해충 방제의 사전예찰과 적기 적량의 농약공급으로 식량증산에 이바지하였다는 공로로 농수산부장관 표창을 받았다. 그때 농약판매를 담당하지 않았다면 그런 영광은 없었을지도 모른다.

아득한 추억이 서렸던 일을 새삼 떠 올리다 보니 인간만사 새옹지마(塞翁之馬)란 말이 생각난다.

잃은 것과 얻은 것

농협입사와 동시에 담당한 농약판매 업무는 새로운 경험과 함께 농업 생산력 증대에 있어 농약의 중요성을 인식하게 만들었다. 해가 바뀌면서 비료와 농용자재 담당이 되면서 농협업무의 다양성과 경제사업의 필요성을 알게 되었다.

입사 삼차년도에 전혀 생각지도 못한 출납주무로 발령이 났다. 농약판매로 호된 신고식을 치룬지 채 이년도 안 되었는데 날벼락을 맞은 셈이었다. 요즈음은 창구직원 누구나 현금 수납과 지급을 직접 처리하지만 모든 거래를 수기로 처리하던 그 시절엔 반드시 단일화 된 입출금창구를 통해서만 이뤄졌다.

정상적인 나이에 입사하였다면 이미 십여 년 전에 거쳐야 할 업무다. 지폐계수기도 없는 때라 하루에도 수만 장의 돈을 빠른 속도로 세어야 하는데 손가락은 이미 굳어 있었으니 걱정이 앞섰다.

내심 불만이 컷지만 속으로 삭일 수밖에 없었다. 차라리 입사당시에 바로 출납업무를 담당토록 하지 왜 이제 와서 발령하는지 원망스러웠다. 이삼일 동안 사표를 내 버릴까 고민하였다. 하지만 마지막 연령대 문턱에서 경쟁을 뚫고 들어온 직장이기에 또 한 번의 시련을 참아 내기로 결심하였다.

어차피 농협맨이 되었으니 금융창구의 최 일선인 출납업무도 경험해 봄이 좋으리라 생각하였다.

잘해 낼 수 있다는 마음으로 출발하였다. 하지만 하루하루의 실상은 살얼음판을 걷는 것처럼 불안하였다. 일일 평균 오백 건도 넘는 입출금 거래가 단 일원의 착오도 없이 마감되는 날은 거의 없었다. 당일 금고문이 완전히 닫힐 때까지는 잠시도 마음 놓을 수 없는 긴장의 연속이었다. 어떤 사유인지 모른 채 시재금 부족액이 발생되는 날도 더러 있었다. 부족액은 고스란히 책임을 져야 했다. 모든 거래가 기계화되고 카드 하나로 창구를 직접 통하지 않고도 마음대로 현금을 입출 하는 지금 시대에 비하면 아득한 옛날이야기 같지만 불과 이삼십 년 전의 일이다.

팔 개월간 돈속에 묻혀 살았다. 꿈에라도 많이만 갖고 싶었던 돈 아니 던 가. 그리도 바라던 돈뭉치를 귀찮고 싫증이 나도록 실컷 만졌으니 이런 복이 또 어디 있으랴. 세상에 아무리 큰 부자라도 매일 그토록 많은 돈을 직접 다뤄 본 사람은 거의 없을 것이다. 하지만 그 속에서 잃은 것도 있었으니 이런 걸 두고 호사다마라 해야 할지.

출납업무 담당 오 개월이 지난 어느 날이었다. 이제 어느 정도 돈세는 기술도 익숙하여 업무에 자신감이 붙게 되었다고 생각할 즈음이었다. 그날은 교육공무원 급여지급일이다. 당시엔 웬만한 섬마다 거의 초등학교가 있어 지금보다 훨씬 학교 수가 많아 더욱 복잡하였다. 설 대목이 겹쳐 창구와 객석은 손님으로 가득하여 발 디딜 틈조차 없었다. 점심도 거른 채 정신없이 번호를 불러가며 현금을 지급 하였지만 대기자는 좀처럼 줄지 않았다. 여객선 출발시간이 다 되어 가는데 차례가 오지 않는다며 고함치는 사람도 있었다.

오후 두시가 넘으니 창구가 어느 정도 후련 해졌다. 그때까지 넘어온 출금전표는 모두 지급처리 되었다. 잠시 요기라도 하려 일어서는데 아주머니 한 분이 다가와 번호표를 내밀며 현금을 달라고 한다. 찾을 돈이 얼마냐고 물으니 일백만 원 이란다. 순간 가슴이 철렁 내려앉으며 머리끝이 하늘로 치솟았다.

지급된 전표를 받아둔 번호표와 하나하나 대조해보니 동일 번호표는 한 시간 전쯤에 이미 출금처리 되어 있었다. 가장 혼잡한 시간을 이용하여 가짜번호표를 제시하고 다른 사람이 현금을 인출하여 갔다. 출납 사고를 당하였다. 새어 나오는 한숨과 함께 머리가 멍해졌다. 정신을 가다듬고 아주머니께 마감시간까지 기다려 달라며 양해를 구하였다.

당일의 모든 입출금 전표와 거래원장, 금고 속 현금을 검사해보니 착오지급 되었음이 확인되었다. 그러다 보니 업무시간도 지나고 날도 저물어 마냥 손님을 기다리게 할 수도 없었다. 결국 일백만 원을 대출하여 손님에게 건네며 몇 번이나 죄송하다며 머리를 조아렸다.

문제는 그것으로 끝나지 않았다. 아주머니는 어느 섬에 근무하는 교사의 아내로 객지에서 남편의 봉급을 찾으려 왔다가 낭패를 본 것이다. 집으로 돌아갈 시외버스를 놓쳐버렸으니 숙박까지 책임져야 하였다. 사정하여 집으로 모셔가 숙식을 제공하고 다음 날 아침 돌아가게 하였다. 매월 지급되는 모든 급여가 통장으로 입금되는 요즈음 시대엔 일어날 수 없는 사고였다.

당시 일백만 원은 꽤 큰돈이었다. 월급이 십만 원도 채 되지 않았으며 시내에 웬만한 세간살이 하나는 장만할 수 있었다. 일 년치 급여를 한방에 날려 버렸으니 생활에 어려움이 있었음은 말할 것도 없다.

돌이켜 보면 어이없는 손해를 본 것이다. 하지만 잃었다고만 생각지 않는다. 그때 출납을 보지 않았다면 내 한평생 언제 그렇게 많은 돈을 만져볼 수 있었으랴. 그뿐 아니다. 매사에 더욱 신중하고 앞으로 다가올지 모를 더 큰 풍파도 이겨낼 수 있는 힘을 기르게 하였으니 오히려 얻은 것이 더 많지 않은가.

농협 초년시절의 역경은 자신을 더욱 강인한 농협 맨으로 성장 할 수 있게 만들었다. 서른한 살의 나이에 출발하였지만 직원으로 오를 수 있는 최고의 직위까지 올라 정년퇴직을 할 수 있었음도 이런 아픔이 밑거름이 되었다고 볼 수 있다.

농협에서 맞은 606호 ·1

농협입사 다섯 해를 맞으면서 총무주무를 맡게 되었다. 이제 안정된 직장인으로 자리 잡는가 했는데 전혀 예기치 못한 일이 또 벌어졌다. 감사원 감사결과 직원, 책임자, 조합장을 포함하여 육백여 명이 징계해직 또는 중벌을 받는 대참사가 일어났다. 이른바 농협내부에 회자되었던 606호 사건이 터진 것이다.

1978년 3월 초순 어느 날이다. 서류가방을 든 신사 한 분이 총무계를 방문하여 전무님을 뵙자고 하였다. 전무실로 안내하니 자리에 앉는 즉시 신분증을 내밀었다. '감사원에서 나왔는데 내일부터 고구마판매사업 감사를 실시하겠다.' 는 말만 하고 차 한 잔 대접도 받지 않은 채 자리를 떴다.

다음날 일과시간이 개시되자 통영군청감사실에서 전화가 왔다. 감사원에서 농협감사를 하기 위하여 감사관 7~8명이 내려와 소회의실 감사실을 마련하였다는 전갈이었다. 전무님께 보고하였더니 "이거 큰

일 날 것 아닌가?" 하면서 당혹감을 감추지 못하셨다. 담당 상무와 판매주무 역시 어제와는 달리 얼굴빛이 샛노래지는 것 같았다.

이렇게 시작된 감사는 1976년도와 1977년도의 고구마판매사업 전반에 대하여 한 달 넘게 계속되었다. 통영지역 외에도 전국의 고구마 주산지 농협을 대상으로 거의 동시에 실시한 것으로 알려졌다. 감사 분야는 고구마 계약재배에서부터 실 생산량조사, 생고구마와 절간고구마의 수매량(농민판매수량), 수송 및 보관관리, 주정회사 납품실적, 수수료의 수입과 비용지출의 적정성 등에 대하여 현장실사 위주로 이 잡듯이 파헤쳤다.

감사결과 고구마 수매(농만판매)량이 해당지역(군, 면)의 실제 생산량보다 많이 수매되었음이 판명되었다. 이 같은 현상은 당시 감사를 받은 전국의 모든 조합에서 공통적으로 나타났다. 감사원의 입장에서 보면 부당한 업무집행에 따른 국고금의 손실로 용서할 수 없는 부정행위로 간주 되었다.

반대로 농협입장에서 보면 당시 대부분의 단위농협은 경영기반이 매우 취약하였다. 연도 말 흑자 결산이 아주 어려워 취급물량에 따른 수수료 수입을 증대시켜 적자를 면하고자 수매물량을 실제보다 증대시켜 경영수익에 보탬이 되도록 부당행위를 저지른 셈이었다. 그렇지만 개인적인 착복이나 횡령 등은 거의 없는 것으로 보였다. 하지만 이는 업무 수행상 중대한 과오였으며 당연히 발본색원 되어야 할 적폐임은 틀림없다.

감사원은 감사결과를 농협중앙회에 이첩하여 재발방지를 위한 적폐청산 차원에서 관련자 전원에 대하여 지위고하를 막론하고 엄벌에 처하도록 명하였다. 이에 농협중앙회에서는 감사내용을 사안에 따라 분류 600여 명의 처벌대상자를 선정하여 면직, 징계해직, 감봉, 견책, 경고 등 징벌을 가하였다. 이 결과를 보고 누군가가 농협이 606호를 맞았다고 말하였다.

이들 중에는 더러 억울한 희생자도 있을 법 했지만 서슬 퍼런 사정의 칼날 앞에 입 한번 열지 못하고 형벌을 받았다. 그 속에는 초창기 어려운 지역농협을 위하여 몸 바쳐온 상당수의 단위조합장과 군조합장도 포함되어 안타까움을 더하였다. 또한 많은 일선 직원들을 포함하여 농협에 청춘을 바쳐온 군조합의 전무와 상무도 징계해직이란 불명예를 쓰고 직장을 떠나야만 하였다. 재심의 기회나 변명의 여지한 번 주지 않고 무조건 일괄 처리되었으니 그런 불행이 어디 있었으랴.

그때 통영군 조합에서는 군조합장(김○○), 전임전무(강○○), 현 전무(윤○○), 전임상무(허○○), 현 상무(박○○), 판매주무(옥○○)등 6명이 징계해직 되었다. 또한 전임 판매주무, 전임지도상무, 현 지도상무가 감봉, 견책, 경고를 받았다.

필자 역시 그 험한 파고를 피해갈 수 없었다. 1977년도에 지도주무의 공석으로 삼 개월 동안 임시 지도업무를 맡게 되었다. 하필 그 기간에 단위조합에서 보고된 고구마계약재배 보고서를 정확한 내용확인 없이 그대로 집계보고 하였다는 책임을 물어 경고 처분을 받았다. 어떻게 보면 어이없는 일인 것 같기도 하나 업무취급을 소홀히 한 것에 대한 응분의 보상이기도 하였다.

그때 통영군농협 관내 도산, 광도, 용남, 산양, 충무(현 통영)농협의 조합장 5명이 모두 해직되었다. 특히 충무농협은 고구마사업관련 부당 수입수수료가 25만 원에 불과하다 들었는데 똑같이 조합장이 해직되었으니 억울하다 하지 않을 수 없다. 또한 해당조합의 담당자, 경제부장, 참사들도 감봉, 견책, 경고 등 처벌을 받았다.

통영군 농협관내 징계해직 인원은 모두 11(군조합 6, 단위조합장 5)명 이나 되었으며 스무 명이 넘는 직원이 신분상 불이익을 받았다. 초상집도 그런 초상집이 없을 정도로 사기를 잃었으며 직장에 대한 회의감에 며칠간 잠을 이룰 수 없었다. 세 번째 맞이하는 시련이다. 안정된 직장을 버리고 뛰어든 것이 후회되었다. 나이 삼십 대 중반을 넘었으니 무작정 박차고 떠날 수도 없었다.

살아남는 길을 찾아야만 하였다. 방법은 단 하나, 맡은 일을 똑바로 처리하면 될 것 아닌가. 아무리 날 선 칼날도 정당하게 처리한 업무 앞에선 무디어 질 수밖에 없을 것이다.

농협 역사에 크나큰 상처를 남긴 그 아픈 주사를 다시는 맞지 않게 하리라고 다짐하였다.

이처럼 606호는 농협 역사에 다시 맞아서는 아니 될 너무 아픈 주사이었다.

농협에서 맞은 606호 ·2

1978년도에 실시된 고구마판매사업에 대한 감사원 감사는 농협역사에 지울 수 없는 대재앙(大災殃)이었다. 그중에서도 통영군농협과 관할 다섯 개 농협이 크게 화를 입었지만 운 좋게 다치지 않고 살아남은 농협도 있었다.

그때 섬 지역에 있는 한산, 욕지, 사량농협은 감사를 받지 않았다. 이상한 것은 이 세 농협의 취급물량이 화를 입은 육지의 다섯 개 농협보다 훨씬 많았는데도 수감대상에서 제외되었음은 아무리 생각해도 그 이유를 알 수 없다. 정말 운이 좋았던 것 같다.

공식적인 감사결과는 그해 5월 중순 중앙언론 매체를 통하여 일제히 톱뉴스로 발표되었다. TV와 중앙일간지를 비롯한 대부분의 신문은 “농협, 부정사업 수행으로 600여 명 징계해직 등 처벌조치” 등의 제목으로 전 국민을 깜짝 놀라게 하였다. 처벌관련 임직원은 말할 것도 없고 전국 일만여 명의 계통농협 전임직원은 아연실색 할 수 밖에 없었다. 606호의 그 아픈 통증에 모두 가슴을 쳐야 했다.

농협 전체가 만신창이(滿身瘡痍)가 되었다. 모든 농협이 부정 집단으로 매도되어 국민으로부터 불신받는 지경에 이르렀다. 수치심과 모멸감에 어깨를 제대로 펴고 다니지 못하였다. 한동안 가라앉았던 직장에 대한 회의심이 되살아나 고민에 빠졌다. 며칠 고민 끝에 지난 오년간 거센 물살 헤치며 여기까지 왔으니 끝까지 살아남을 수밖에 없다며 굳게 결심하였다.

원래 606호는 아주 지독한 성병인 매독을 치료하기 위하여 606번의 실험을 거쳐 만들어진 살바르산이란 주사액이다. 1910년부터 성병 치료제로 사용되어 왔는데 주사시 통증이 아주 심하다고 한다. 주입 횟수에 따라 효과가 감소되며 불임 등의 심각한 부작용이 일어날 수 있어 현재는 거의 사용되지 않는 모양이다. 이런 주사를 600여 명이 한꺼번에 맞았으니 그 고통을 이겨내느라 얼마나 어려움이 따랐을지.

사건발생 몇 년이 지난 뒤 중앙회(군조합) 해직자들은 소송을 통하여 희망자 전원이 복직되었다. 하지만 단위조합의 해직직원들과 조합장들은 복직의 기회를 갖지 못하였다. 매우 안타까운 일이라 하지 않을 수 없다.

당시 총무주무로서 해직자와 살아남은 직원들에 대한 인사처리를 하면서 마치 내가 큰 죄라도 지은 양 그들을 똑바로 대할 수가 없었다. 세월이 흘러 아득한 옛날이야기처럼 돼버렸지만 그 아픈 역사의 현장 증인으로 오늘까지 살아있기에 그때의 기억을 도무지 지울 수 없다.

아픈 추억을 되새기다 보니 새삼 두 사람의 얼굴이 떠오른다. 감사원감사 당시 판매주무로 징계해직된 옥○○은 고등학교 동기로 졸업 후 열두 해 만에 농협에서 만났다. 학창시절부터 절친한 친구였던 그는 입사 5년 선배로서 또한 나의 담당주무로서 실의에 빠져 허덕이던 나에게 각별한 우의와 지도를 베풀어 끝까지 나를 농협에 머물도록 이끌었다. 덕분에 나는 그의 조수로서 관련 업무를 빨리 습득할 수 있었으며 더욱 강인한 농협 맨으로 성장할 수 있었다.

과묵한 성격을 지니고 매사에 긍정적이었던 친구는 그때의 응어리를 가슴에 안고 살아오다 2002년 고인이 되었다. 여기서 나마 명복을 빈다.

고교후배인 이○○은 본 감사 당시 타군조합에 근무하였지만 전임 담당 주무로 보름 가까이 감사실에 출두하여 호되게 감사를 받았다. 당연히 해직자에 포함되었으나 직전년도 판매사업 우수자로 농수산부 장관 표창을 받아 해직을 면하고 감봉처분을 받았다.

성격이 호탕하고 두뇌가 명석한 그는 대인관계는 물론 업무처리도 타의 모범이었다. 하지만 감봉처분을 받은 상처 때문에 그해 연말 스스로 농협을 떠났다. 이직 소식을 들었을 때, 내가 기댈 수 있는 아까운 인재하나 잃게 되었다며 혼자 안타까워했다. 전직 후 먼 타향에서 온갖 풍파와 싸우며 열심히 살아가고 있지만 세상은 그를 몰라보고 모진 시련만 안겨주고 있다. 지금 그는 씻을 수 없는 회한과 마음의 상처로 건강을 잃고 투병 중이다. 멀리서나마 후배의 건강회복과 안식을 빈다.

606호는 절대 다시 맞아서는 아니 될 너무 아픈 주사였다. 이제는 퇴직동인들의 술자리에서 안줏감으로 씹는 흘러간 추억담이 되었으나 농협역사에서 결코 지울 수 없는 상처인 동시에 뼈아픈 교훈이기도 하다.

농협은 이 사건 외에도 검찰의 칼바람 등 거칠고 파란만장한 역사를 헤치며 환골탈태의 정신으로 자정을 거듭하며 꾸준히 성장 발전하여 왔다.

오늘날 국민 속에 든든한 뿌리를 내리고 신뢰받는 민족은행으로 우뚝 설 수 있었음은 숱한 고난을 이겨내며 묵묵히 농협을 지켜온 선배 동인들의 피나는 노력이 있었기에 가능하였을 것이다.

수필을 쓰는 이유

나의 글쓰기는 이순의 문턱에서 시작되었다. 정년퇴직을 한두 해 앞두고 부터이다.

꽃다운 나이에 실연의 상처를 안고 정신질환을 앓게 된 여동생의 한 서린 인생과 현대의술이 아닌 신령님의 도움으로 딸의 병을 고치려던 어머니의 애달픈 사연을 글로 남겨야 한다는 강한 충동이 일어났기 때문이다.

생각나는 대로 엮어 나가기만 하면 뭔가 될 것 같아 시작은 하였는데 그게 아니었다. 마음은 앞서가고 머리와 손은 따로 놀았으니 어디 될 법인가. 머리는 그 많은 이야기들을 간단없이 쏟아 냈지만 펜을 잡은 손은 제자리걸음만 할 뿐이었다. 제대로 된 글쓰기 지도나 습작의 기회를 갖지 못 하였으니 당연한 이치임은 두말할 것도 없다.

가슴에 답답함이 쌓여만 갔다. 어디선가 돌파구를 찾지 않으면 배겨내지 못할 것 같은 우울함과 떨림이 엄습하여 왔다. 그럴 즈음 때마침 K 교수님이 지도하는 문예 창작교실이 문을 열었다. 교수님은 지역 시장을 역임한 수필계의 저명인사이셨다.

얼마나 다행이었던지. 창작교실의 수강은 가슴을 촉촉이 적셔주는 단비처럼 생기를 돋게 했다. 답답했던 가슴이 녹아들면서 글 쓰는 재미에 빠져들었고 서서히 수필의 세계에도 눈을 뜨게 되었다. 부지런히 습작을 하면서 한편으로 욕심도 생겼다. 늦게 뛰어든 것만큼 더 빨리 달려가고 싶었다. 그러나 등단의 문은 쉽게 열리지 않았다.

쓰고 지우고 찢어내기를 수백 번 한 끝에 「갈매기의 비상」이란 제목으로 『수필문학』에 어렵사리 초회 추천을 받게 되었고 반년 뒤에 「실연의 상처」란 제목으로 추천 완료되어 등단의 문으로 들어섰다. 직장에서 정년퇴직을 하던 그해 연말이었다. 퇴직과 동시에 얻은 영광이요 새로운 세계에 대한 희망이었다. 어엿한 수필가의 대열에 정식으로 이름을 올렸으니 그 기쁨 오죽하였으랴.

등단작품의 소재는 가족사의 아픈 이야기를 선택하였다. 며칠간 고민 끝에 내린 결정이었다. 글쓰기는 실연으로 상처받은 여동생의 가슴시린 사연과 이를 치유하기 위한 어머니의 지극정성을 보며 출발하였다. 묻어두기엔 두고두고 아쉬움이 남을 것 같아 용기를 내었다. 하지만 불행한 자신의 가정사를 글로 엮어 세상에 알리는 것이 과연 옳은 일이며 무엇보다 이 글이 동생에게 더 큰 상처를 주지 않을까 하는 것이었다. 막상 글이 발표되자 얼굴도 모르는 수필계의 대선배 몇 분이 격려 전화와 서신을 보내와 안심하였다.

문단에 들어 선지도 어느덧 십오 년이 되었다. 그동안 지역 문단 책임자의 한 사람으로 여러 가지 활동을 해오고 있지만 정작 작품 활동 면에서는 별다른 성과를 거두지 못하고 있어 부끄럽다.

겨우 어설픈 작품집 하나 상재하고는 칠팔 년간 주춤거리고 있다. 아직도 생계형 영업을 탈피하지 못한데다 이런저런 수술 다섯 가지를 받다보니 육체적 정신적으로 글쓰기에 매달릴 수 없었다.

세상에 태어나 가죽 한필 남기기엔 아직도 길은 멀다. 그래서 더욱 글을 쓰지 않으면 안 된다. 오늘도 여동생은 쇠창살 틈새로 먼 하늘을 바라보며 자유의 날개를 펼치려 몸부림치고 있다. 내가 수필을 써야하는 이유도 바로 이 때문이다.

동생의 나이 벌써 일흔에 접어들었다. 투병 오십 년을 넘은 끈질긴 생명이지만 희망은 보이지 않는다. 그래서 더 글을 써야 한다.

동생이 세상을 떠나기 전에 또 하나의 설익은 사과를 따기 위해서 습작을 하지 않을 수 없다.

나의 등단 작품의 탄생

봄을 타고 날아온 백마는 꽃다운 나이의 여동생에게 깊은 마음의 상처를 남기고 소리도 없이 떠나갔다. 화려한 봄날이 지나가자 동생은 바닷가 바위에 앉아 저 멀리 수평선을 바라보며 '섬마을 선생님'노래를 애타게 부르며 해가 져도 집으로 돌아오려 하지 않았다.

온 가족이 동원되어 겨우 집에 데려다 놓으면 방문을 걸어 잠그고 밤새도록 노래를 불렀다. 날이 갈수록 식음을 전폐하다시피 하여 몸은 메말라 갔으나 놀라울 정도로 기억을 되살려내 어렸을 때 일을 하나도 빼지 않고 쉴 새 없이 지껄임을 반복하였다. 무엇 때문에 이러냐며 아무리 달래고 사정을 하여도 대답은 않고 노래를 부르거나 지나온 이야기만 계속하니 부모님은 억장이 무너질 수밖에 없었다.

심성이 너무 고운 탓이었을까. 요즈음 세상에서야 대수롭지 않게 넘길 수도 있으련만 실연의 충격에서 헤어나지 못한 동생은 정신병의 굴레를 쓰고 평생 동안 불행의 길을 걷게 되었다. 부모님과 우리 사

형제는 가난했지만 화목한 가정을 이루었으나 이 무슨 운명의 장난처럼 함께 불행에 빠져들 수밖에 없었다.

딸의 병이 심상치 않음을 알아차린 어머니는 자신의 연약한 몸은 아랑곳 하지않고 병을 고칠 수만 있다면 이 세상에서 아무리 어렵고 힘든 일이라도 해내리라 결심하였다. 이때부터 귀가 여리어질 수밖에 없었던 당신은 오로지 딸을 고쳐내고 말겠다는 신념 하나로 차마 인간으로서는 하기 힘든 엄청난 일을 해내기 시작하였다.

처녀에게 신이 내렸다는 동네 사람들의 수군거림에 유명하다고 소문난 장님 굿쟁 이를 불러 꼬박 사흘 밤낮을 두드렸으나 신을 내려받지 못 하였다. 소문난 점쟁이를 찾아가 이 일을 어찌하면 좋겠냐고 물으니 조상의 묘를 잘못 써서 그렇다 하여 십년 전 돌아가신 할머니의 묘를 파헤쳐 버렸다. 아기의 태반을 약으로 쓰면 그 병을 고칠 수 있다는 귀띔에 며칠간 시내병원을 전전 하다 어렵게 구하여 달여 먹이었으나 아무런 소용이 없었다.

이른 봄 얼음이 채 녹지 않은 지리산 내원사 계곡의 그 차거운 물에 목욕재계 한 후 흰옷으로 갈아입고 바위굴 촛불 앞에서 네 시간 동안 지성으로 빌었으나 효험을 보지 못하였다.

어디 이뿐인가. 벼락 맞은 나무나 돌이 좋다하여 어디서 구해볼까 애쓰던 중 마침 그해 여름 심한 천둥번개 끝에 우리 밭 언덕의 커다란 나무에 벼락이 떨어졌다. 신이 내려주신 특효약이라 믿고 그 가지를 잘라 약으로 써도 효험을 보지 못하였다. 이러는 사이 세월은 흘러가고 어머니는 딸의 손을 잡아끌며 병원, 기도원, 교회, 절간 등 어디나 좋다는 곳을 수도 없이 드나들었으나 그 어떤 호전의 기미는 나타나지 않았다.

무심한 세월은 딸을 위한 어머니의 애틋한 정성도 아랑곳하지 않고 흘러만 갔다. 그렇지 않아도 젊은 시절부터 이미 병들었던 육신은 지칠 대로 지쳐있는데 다시 한 번 기회가 왔다. 참으로 기막힌 사연이었다. 아마도 당신께서는 하늘이 내려준 마지막 처방이라고 여겼을 것이다.

결혼 한지 이십여 년이 된 막내삼촌 내외는 자식이 없었다. 동생이 발병한 지 어느새 십 년이 되었다. 그해 봄 어느 날, 어둠이 내린 초저녁에 삼촌께서는 마을 뒤 으슥한 밭 언덕에 있는 나무에 밧줄을 걸고 목을 매 자살하였다. 동네에서 금실 좋기로 소문 났기에 그 어느 누구도 이런 일이 일어나리라 생각 못 하였다. 다음날 이른 아침, 집안은 물론 온 동네가 왈칵 뒤집어졌다.

경찰이 나와 조사까지 하였으나 자살에 대한 그 어떤 동기나 단서 하나 찾지 못하였다. 그런데 이상한 것은 밧줄의 일부가 없어진 것이었다. 현장을 본 사람들 모두 이상한 일이라 생각지 않을 수 없었다. 귀가 여릴 대로 여리 워 진 어머니는 딸을 위하여 할 수 있는 이 세상 마지막 처방이라 결심하고 행동을 개시하였다.

밤새 뜬눈으로 지새우다 첫닭이 울자 신의 계시라도 받았는지 아니면 귀신에게 홀리기라도 하였던지 그 무서운 곳으로 달려가 밧줄을 끊어와 약으로 다려 먹이었다. 그것도 시숙이 목매단 밧줄을. 자살한 밧줄을 약으로 쓰면 불치병 한 가지는 낫게 한다는 속설을 머릿속 깊이 새겨두었다 때마침 기회를 잡았으니 천우신조라 여겨 실행에 옮겼다. 지성이면 감천이라 했건만 무심한 하늘은 끝내 은혜를 베풀어 주지 않았다.

실연으로 얻어진 마음의 병은 아무리 정성을 다하여도 신의 손길로도 고도의 현대의술로도 고칠 수 없단 말인가. 가슴 아픈 모정의 세월 속에 어머니는 더 이상 생을 유지하지 못하고 저 세상으로 가셨다. 한에 서려 제대로 감지 못한 눈을 쓰려 내리면서 자식을 위한 거룩한 희생을 작은 기록으로 남겨야 한다는 임무를 스스로 부여받았다.

뭔가 써야 하겠다는 마음을 먹고 보니 나이는 어느새 지천명의 세월을 훌쩍 뛰어넘고 있었다. 글을 쓰기엔 너무 늦은 나이었다. 하지만 이대로 덮어두기엔 너무 아쉬워 무턱대고 적어보았으나 글이 되지 않았다. 때마침 K교수님을 만나 습작의 지도를 받은 후 『수필문학』에 「실연의 상처」란 제목으로 글을 올린 것이 추천 완료되어 등단하였다. 부끄러운 가족사이지만 쓰지 않고는 배겨낼 수 없었다. 피어보지도 못한 채 시들어가고 있는 여동생의 가련한 인생과 딸을 위한 어머니의 지극정성을 눈으로만 봐 둘 수 없었기 때문이다.

오늘도 동생은 정신병동의 창살을 부여잡고 바깥세상을 바라보며 애타게 오빠가 면회 오길 기다리고 있다. 이 병원 저 병원 열 개도 넘는 병원을 옮겨 다니며 수십 번 입 퇴원을 거듭 한지도 오십 년이나 되었다.

끈질긴 목숨은 혈육의 정 마저 끊어야 할 정도로 미움으로 가득 하기만 하다. 무수한 세월에 나도 함께 더 이상 버티지 못할 정도로 지쳐있다.

하지만 외면할 수도 없다. 문학의 길을 걷게 만들었기에.

부부의 날에

오월은 가정과 관련된 기념일이 유달리 많다. 근로자의 날을 시작으로 어린이날, 어버이날, 스승의 날, 성년의 날, 부부의 날 등이 있어 가정의 달이라 부른다.

우리들은 일상생활 속에서 공기의 소중함을 제대로 알지 못하며 살아가듯 인간관계의 소중함 역시 소홀히 여기며 살아가고 있다. 특히 부모와 자식, 스승과 제자, 남편과 아내라는 상호 보완적 관계에 대하여 일 년에 단 하루만이라도 특별히 되새기게 하도록 이러한 기념일을 만든 것 같다. 평소 서로에게 주어진 도리를 다한다면 별도로 날을 정하지 않아도 될 터인데 반성의 계기로 삼아야 됨을 말해준다.

가정의 달이 왔는데도 쓸쓸함이 더해짐은 세월이 많이 흐른 탓이리라. 어린이날이 와도 안아볼 아이 하나 없으며 어버이날이 되어도 문안드릴 부모도 다니러 오는 자식도 없다. 부모님은 저 세상으로 가신지 오래되셨고 자식 셋은 모두 성장하여 멀리 떨어져 살고 있으니 바랄 수도 없다. 나름의 전화인사 한통에 용돈 몇 푼 보내주는 것도 고맙다고 생각할 처지다.

스승의 날이 와도 찾아뵈올 선생님은 이 세상에 아무도 계시지 않는다. 아내마저 몸져누워 있으니 부부의 날이 와도 아무 의미가 없다. 가정의 달이 있으나 마나며 오히려 잔인하기조차 하다.

나이 들어갈수록 의지할 사람은 아내뿐임을 어찌 그리 모르고 살았던지. 남편에게 진정 필요한 사람은 첫째도 아내, 둘째도 아내, 셋째도 아내임을 몰랐기에 오늘의 벌 받음은 당연하리라. 나와 같은 사람이 있기에 특별히 부부의 날이 정하여진 것 같다. 어쩌면 이날의 제정에 한몫했다는 생각도 든다.

여태까지 바깥세상을 조금은 안다고 생각하였는데 그게 아니다. 부부의 날이 있는지도 모르고 살아왔음은 지아비로서의 도리가 아니요 아내에 대한 무관심의 극치라 하지 않을 수 없다. 겨우 알고 나니 있으나 마나 한 아무 소용없는 날이 되었다. 그래도 이날을 알게 된 연유를 적어 두어야 하겠다.

부부 사이가 유달리 좋기로 소문난 친구와 단둘이서 모처럼 점심을 먹는 자리였다. 정담을 나누며 한참 맛있게 먹고 있는데 친구의 휴대폰이 울렸다. 그의 부인에게서 온 전화다. "여보, 오늘 당신에게 특별한 메시지를 보냈으니 지금 읽어 보세요" 말 한 후 남편의 응답도 듣지 않고 바로 끊어 버린다. 평소와 다른 대화 모습에 의아해 하고 있는데 메시지를 본 친구가 빙그레 미소를 지으며 나에게 읽어 보라고 건넨다.

빨간색 하트모형 위에 다음의 글이 적혀있었다. "여보, 오늘이 무슨 날인지 아세요? 바로 부부의 날이에요. 당신이 있어 나는 너무 행복합니다. 우리의 인생이 다하는 그 날까지 이 마음 영원히 변치 말고 함께 건강하게 살아갑시다. 사랑, 사랑, 또 사랑해요." 과연 소문만이 아닌 잉꼬부부임을 보여줌은 더 말할 나위도 없다. 친구에 대한 부러움과 아내에 대한 죄스러움이 소용돌이가 되어 온 몸이 전류 흐르듯 짜릿함으로 감돌았다.

점심을 함께하자고 권한 친구에게 미안한 마음 그지없었다. 부부의 날이 제정되어 있음을 처음으로 알게 되었으니 세상에 이런 바보가 또 어디 있을지. 진작 아내가 소중한 줄 알았다면 친구부부처럼 행복한 여생을 보낼 수 있을 터인데…, 밥이 제대로 넘어가지 않았다.

5월 21일은 부부의 날이다. 2007년 5월 대통령령으로 국가기념일로 제정되었으니 십여 년이 지났다. 가정의 달 5월에 특별히 21일을 택하게 된 연유는 둘(2)이 합쳐 하나(1)가 된다는 의미를 지녔다고 한다. 부부는 가정의 뿌리이며 건전한 부부관계는 곧 건전한 가정과 사회를 이루는 초석이다. 세상의 모든 부부가 이날의 의미와 중요성을 되새기며 살아가도록 가르치고 있는 것 같다.

커다란 달력을 벽에 걸어두고 매달마다 행사 일정을 점검하면서도 이날만은 눈에 들어오지 않았으니 부부로서 아예 자격을 갖추지 못한 사람이다. 만약 오늘 친구와 점심자리를 마련하지 않았다면 평생 동안 부부의 날이 있는 줄도 모르고 살아 갈 것이다.

친구 덕분에 뒤늦게나마 알게 되었으니 얼마나 다행인가. 앞으로 몇 번이나 이날을 맞이할 줄 모르지만 이제부터 그냥 지나지는 않으리다.

부부의 날에 깨달은 아내에 대한 못 다한 사랑, 그 사랑이 채워질 때까지 부단히 노력하리라.

뒤늦은 후회

아내가 노인병원에 입원한 지 사년 째 접어들었다. 부부의 연을 맺은 지 마흔네 해, 중병에 시달려 온 지 스무 해만에 어쩔 수 없이 장기요양의 길을 택할 수밖에 없었다.

힘들게 살아온 사람이 좀 편하여질 만하니 병이 난다는 말이 있기도 하지만 그럴 겨를도 없이 병으로 고생만 거듭하였다. 노후에 둘만이 오붓하게 살아가리라 던 생각은 나에게 어울리지 않은 한낱 허망한 꿈에 지나지 않았다.

소리 없이 찾아온 당뇨합병증은 신체 이곳저곳을 차례로 갉아먹듯 아내를 고통 속에 맴돌게 하였다. 급성심장병으로 하마터면 생명을 잃을 번 하였고 발등의 상처로 발목을 잘릴 법도 하였다. 눈은 거듭된 수술로 거의 실명 위기에 이르렀고 극심하던 허리와 다리통증은 대수술로 진정되었지만 또 다른 내장기관의 고장으로 음식물을 제대로 넘길 수 없으니 그 고통을 누가 대신하리오.

아내의 중병이 나의 무관심에서 비롯되었음을 알기까지는 너무 오랜 시간이 걸리었다. 젊은 시절, 직장에서 열심히 일하는 것만이 나의 앞길이 열리고 가정을 비롯한 자녀문제도 해결될 수 있으리란 생각에 무작정 앞만 보며 달려갔다. 수평적 부부의 위치는 조금도 인식하지 않은 채 생활비를 벌어준다는 우월감에 오로지 복종과 순종만을 요구하였다.

사랑은 받는 것이 아니고 주는 것이란 말을 주례석상에서 수십 번이나 설파했으면서 정작 자신은 이를 실천하지 않았으니 이런 모순이 또 어디 있을지. 남들에겐 작은 선심을 쓰는 척하면서도 아내에게 만은 인색 그 자체였다. 평생을 함께할 반려자로서 진정한 사랑과 따뜻한 마음을 한 번이라도 주었거나 베풀지 않았다. 대신 아내로서의 도리나 임무를 다해주기만 바랐다.

주는 것 하나 없으면서 받기만을 기대하였으며 남들과 비교하여 늘 부족함만 탓하였다. 병들어 신음함을 지켜보면서도 내가 원인 제공을 하였다는 생각을 일순간도 가져본 적이 없다. 오히려 아내 복이 없어 고생만 한다고 여겼으니 그 죄과를 오늘에 받음이 마땅하리라.

지난날 어느 결혼식장에서 주례선생님이 말씀하신 "여보와 당신"의 의미를 되새겨 본다. 원래 여보(如寶)는 보배와 같이 소중하고 귀한 사람이란 뜻으로 남편이 아내를 부를 때 쓰며 당신(當身)은 마땅히 내 몸과 같다는 뜻으로 아내가 남편을 부를 때 쓰는 말이라 하셨다. 이 말이 언제부터인가 모르게 뒤죽박죽이 되어 서로에게 함부로 쓰다 보니 부부간에 지켜야 할 도리가 무너져 내리고 있는지 모른다'

여자는 남자하기 마련이란 말이 있다. 얼마나 무정하였으면 지금까지 '여보' 하며 다정하게 불러 본적 한 번 없었으니 무슨 애정이 싹틀 수 있었던가. 무관심 속에 반생을 보내면서 그저 의무감으로 대한 부부요 건성으로 살아왔을 뿐이다. 아내가 불쌍하다는 생각이 장기입원을 전후하여 들었으니 그 죄를 무엇으로 사해야 할지.

'곁에 있을 때 잘하라'라는 말이 이제야 와닿는 것 같다. 아무도 없는 텅 빈 집을 지키는 이 쓸쓸함은 인과응보의 결과이리라.

병상에서 하얀 천정만 바라보며 하염없는 세월을 보내고 있는 아내에게 지금 내가 할 수 있는 일은 적지 않은 병원비를 계속 대는 것도 면회를 자주 가는 것도 아니다.

뒤늦은 후회지만 진정으로 사과하고 용서받는 일이다.

'여보' 모든 게 다 내 잘못이요. 용서해주오.

두 병동사이에서

입원 중인 가족을 면회하러 가는 발걸음은 무겁기만 하다. 병원정문을 들어서면 바로 앞에 노인병동이 서 있고 그 옆에는 정신병동이 있다. 두 병동 사이의 거리는 채 이십여 미터도 되지 않는다.

노인병동엔 사년 째 집사람이 입원 치료 중이며 정신병동에는 오십년 넘게 정신병을 앓아 온 여동생이 입원하고 있다. 오늘도 두 병동 사이에서 어느 쪽을 먼저 가봐야 할지 고민에 빠진다.

집을 나설 때는 어디부터 먼저 면회를 하리라 마음먹었지만 막상도착하고 보면 좀 전의 생각은 온데간데없이 사라지고 두 병동 사이에서 발걸음이 머뭇거린다. 그래도 양쪽을 다 보고 가는 날은 시간이 좀 더 걸릴 뿐이지 마음이 후련하다. 하지만 아내가 입원한 이후로는 동생의 병실을 찾는 일이 매우 드물어졌으니 그때마다 죄를 짓는 듯 마음이 편하지 않다.

이삼십 년 전에는 동생이 지금보다 훨씬 먼 곳의 병원에 입원해 있었지만 한 달에 서너 번은 꼬박 면회를 갔다. 지금은 훨씬 가까운 지역병원에 입원하여 있는데도 자주 들여다보지 않는다. 이삼 년 전부터는 한해 대여섯 번으로 줄어들었다.

너무도 긴 동생의 투병생활에 함께 지친 나머지 이제는 불쌍함을 넘어 솔직히 미움이 앞선다 할까. 오빠의 면회를 간절히 기다리는 것을 뻔히 알면서도 선 듯 마음이 내키지 않음은 혈육의 정마저 끊어야 할 정도로 마음이 멀어져 가고 있다. 이를 어찌하여야 하나.

어떻게 보면 참으로 끈질긴 생명이다. 어머니가 살아계실 때는 신령님의 힘으로 병을 고치기 위하여 이 세상에서 하기 힘든 온갖 방도를 다해 봤으나 백약이 무효이었다.

어머니가 돌아가신 이후엔 내 나름대로 여러 전문병원을 데려 다니며 치료를 받게 하였으나 역시 허사가 되고 말았다. 더 이상 어쩔 수 없어 이곳 정신병원에 억지로 입원시켜 놓은 지도 십 년이 넘었다.

누가 세월을 무심하다 했던가. 무심한 세월은 동생을 벌써 일흔의 나이로 접어들게 하였다. 나 또한 게으름 피우는 나이로 접어들었다.

우려되는 일 한 가지 생각지 않을 수 없다. 십여 년 전까지만 해도 당연히 동생이 먼저 저세상으로 가리라 여겼다. 그러면 유일한 혈육인 내가 뒷일을 봐주리라 상상했는데 이제는 행여 순서가 뒤바뀔지도 모른다는 생각이 들게 됨은 기우일까?

동생의 몸은 이따금 발생하는 심한 정신적 혼돈증상 외는 신체 내부의 모든 기능은 매우 정상적으로 보여 진다. 정신질환은 전문의의 보호관찰 아래 치료를 계속 받고 있으므로 병원 안에서 나마 분명 장수를 누릴 것 같기도 하다. 오히려 내가 앞서갈지 모른다는 생각마저

든다. 제발 동생이 저세상으로 먼저 가는 순서가 되었으면 한다.

아내가 입원 중인 병실을 찾아가는 일 역시 한 달에 삼사 회 정도다. 자동차로 이십 여분 내외면 충분한 데도 자주 가지 못한다. 여기저기 몸으로 때우다 보니 늘 시간이 부족하다며 변명으로 대신한다. 어느새 입원 삼 년이 넘고 보니 날이 갈수록 발걸음도 뜸해 지려 한다. 이제 겨우 사 년 차인데 벌써 가족의 정마저 멀어지려 하는가.

오늘도 아내의 병실만 방문하고 돌아오리라 마음먹고 집을 나섰으나 막상 병원마당에 들어서고 보니 그게 아니다. 정신병동에서 이쪽부터 먼저 오라며 손짓한다. 지난달에도 몇 번이나 왔는데도 들르지 않았으니 이번에는 동생을 꼭 보고 가라며 다그친다.

불쌍하면서도 내키지 않은 면회를 먼저 하여야 하나, 아니면 아내의 병실만 방문하고 돌아가야 하나.

두 병동 사이에서 고민에 빠져든다.

건강원을 접으면서

열네 해 동안 운영하여 오던 건강원을 그만두었다. 정년퇴직으로 인한 여유로움과 노후생활의 안정을 기대할 수 없던 처지에서 무작정 뛰어든 직업이었다. 건강원은 나에게 제 이의 인생을 살게 해준 삶의 터전이요 새로운 세상을 배우게 한 교육장이었다. 또한 제 삼의 인생 길을 달려갈 수 있게 만든 요람이기도 하다.

뒤돌아보니 결코 짧은 세월이 아니다. 하루가 어떻게 지나가는지 모를 정도로 바쁘게 매달렸던 일터를 놓아버린 허전함 때문인지 보름 넘게 심한 몸살을 앓았다. 무거운 짐 내려놓는 안도감에 누적되었던 피로가 일시에 몰려와 육신을 뜨겁게 달구었다.

두 번째 인생의 시작점이라 할 수 있는 창업 당시로 되돌아 가 본다. 농협에서 정년퇴임을 하던 그날은 하늘을 날아오르는 기분이었다. 수십 년간 쌓였던 체증이 내려앉는 가뿐함에 무한한 자유와 기쁨을 맛보는 듯하였다. 웨딩홀에 꾸며진 퇴임식장은 축하객들도 만원을 이뤘다. 주인공이 된 나는 목도리 꽃다발에 공로패 감사패 등 상패도 열 개나 받았다. 생각지도 못한 과분한 환대에 고무될 정도로 보람과 환희를 느꼈다.

환희에 빠졌던 퇴직 기분도 채 한 달을 넘기지 못하였다. 하루 이틀 시일이 지나면서 서너 가지 고민이 어깨를 다시 짓누르기 시작했다. 평생을 입원 중인 여동생, 십여 년 전부터 당뇨합병증에 시달리고 있는 아내, 학교를 다 마치지 못한 아들도 함께 돌보고 부양해야 하니 마음이 무거워질 수 밖에. 모아둔 돈이 있거나 연금이라도 몇 백만 원 나온다면 아무 걱정 없으련만 그럴 형편이 아니었다. 직장에서 쌓아왔던 어느 정도의 퇴직금이 없지는 않았지만 퇴직을 앞두고 부채 정산을 하고 보니 거의 소진 되어버렸다.

남은 돈 모두를 긁어모은다 해도 앞으로 이삼 년간의 생활비가 될까 말까 할 정도였다. 국민연금은 삼 년 후부터 지급받게 되지만 한 달에 오십 만원이 채 되지 않으니 턱없이 부족하다. 이럴 때 재테크 기술이라도 있다면 수월하게 돈을 벌 수 있다지만 그런 재주도 없다. 이전에 빚을 내어 부동산 하나쯤 사 두었더라면 어렵지 않게 해결 할 수 있을 테지만 그러지도 못하였다. 금융기관 책임자 출신임이 무색할 정도로 재산형성에는 문외한 이었고 오로지 주어진 직분에만 충실하였으니 바보처럼 살아왔을 뿐이다.

그렇다고 마냥 주저앉아 있을 수 없었다. 뭔가 일거리를 찾든지 아니면 장사라도 해야 하는데 그것 또한 어디 쉬운 일인가. 아무리 구인구직난을 샅샅이 뒤져봐도 나를 필요로 하는 곳은 보이지 않았다. 아무래도 다른 방법을 찾아야만 하였다. 그러다 결국 귀착된 것이 평소 생각지도 못한 건강원 창업이었다.

구직이란 일념 속에 여덟 달이 지나고 있는 어느 날이다. 유명 중앙일간지 전면 광고란에 '프랜차이즈 건강원 모집'이란 큼지막한 글귀가 눈을 번쩍 뜨게 하였다. 호기심을 불러일으키게 한 것은 두 가지다. 하나는 나의 손에 쥐고 있는 돈 정도만 투자하면 웬만한 생활비는 충분히 벌 수 있다는 것과 다음은 자신과 가족의 건강은 물론 다른 사람의 건강에도 도움을 줄 수 있다는 것에 마음이 끌렸다.

하늘이 준 기회이니 절대 놓쳐서는 안 된다며 가슴이 먼저 뛰고 있었다. 신의 예지라도 받은 듯 투자해도 실패하지 않으리란 예감까지 들었으니 운명의 작란이라고 해야 할지. 마치 도깨비에게라도 홀린 듯 다음날 바로 서울로 올라가 창업과 탕제에 따른 기초교육을 받고 내려왔다. 서둘러 점포를 구하고 본사의 지도아래 개업 준비를 착실히 진행하여 드디어 2003년 10월 7일 〈참나라 건강원〉이란 간판을 내걸고 대망의 영업을 개시하였다. 직장을 나선지 꼭 열 달 만에 생계형 창업을 하게 되었다.

수십 년간 때 묻은 봉급생활자에서 무경험 자영업자로의 변신은 말 그대로 무모한 도전이었다. 행여 종잣돈이라도 날리면 알거지가 될 수도 있는 위험천만한 일이었으나 우선 저질러 놓고 보자는 생각이 앞섰기에 가능했다. 어디서 그런 용기가 솟아났는지. 신의 계시대로 따라한 것 같기도 하다.

군 제대와 동시 국가공무원으로 출발하여 여덟 해를 근무하다 농협으로 전직 하였다. 두 곳의 근무 연수를 합치면 모두 삼십 오 년. 전형적인 봉급생활자의 기운이 온몸 가득 배어 있었는데 어떻게 자영업자가 될 수 있었는지. 해가 거듭될수록 모두가 어렵다고 말하는데도 열네 해를 용하게 버텨왔음은 혼자서 이리 뛰고 저리 뛰었기 때문이다.

창업 당시 같은 이름으로 태어난 건강원은 전국에 일백여 개에 이르렀다. 처음 수년간은 왕성한 영업활동으로 미래가 밝아 보였으나 한해 두 해 지날수록 폐업자는 늘어만 갔다. 소규모 투자에 사업주로 성공할 수 있다는 유혹에 개업은 하였으나 현실은 쉽게 받아들이지 않았다.

창업 십 년을 전후하여 본사가 문을 닫았고 전국의 동시 개업자 대부분도 간판을 내렸다. 동일간판으로 오늘까지 영업을 계속하는 곳은 십여 곳에 지나지 않는다. 이들은 나름대로 자신만의 노하우를 개발하여 제품의 질을 높이고 고객만족 서비스를 창조하여 자립의 길로 들어섰다.

나도 그 중의 일원이지만 이제 손을 놓는다. 제삼의 인생길을 달려가기 위하여 생활을 바꿔야 하기 때문이다. 영세자영업자의 성공이 얼마나 어려운지 값진 체험을 하였다. 나도 일인삼역을 하지 않았다면 살아남지 못하였을 것이다. 힘들게 번 돈이 진정 가치 있는 돈 임을 새삼 깨달았다.

건강원 운영으로 제이의 인생을 열심히 살 수 있었으니 이 또한 축복이 아니던가. 남은 인생도 성실하게 살아 보답하리라.

5

허물을 벗는 지혜

건 배

십여 년 전 설날 아침이었다. 차례를 지내고 모처럼 아들 내외와 세 살배기 손자가 밥상머리에 앉았다. 식사를 하기 전에 차례 주를 마시려고 아들이 내 앞에 놓인 잔에 술을 채우는데 이를 바라보던 손자 녀석이 재빨리 빈 잔 하나를 집어 들더니 자기 잔에도 부어 달라며 생떼를 쓴다.

이것은 할아버지와 아빠만 먹는 것이라며 온 식구가 달래도 한사코 고집을 부리며 잔을 놓지 않는다. 할 수 없이 할아버지인 내가 어린 손자에게 정중히 술 한 잔을 따라 올리고서야 사태가 수습되었다. 술 한 잔 받은 것으로 만족할 줄 알았던 나의 생각은 기우였다. 이 녀석 내가 따라준 술잔을 들고는 “할부지 건배” 하면서 나와 그의 아빠 잔에 “짠” 하며 부딪치고는 마시라고 권한다.

전혀 예상치 못한 일이었다. ‘아니 요놈 봐라. 벌써부터 술 마시는 법을 알고 있다니 집안 내력 따라 대주가가 되려나.‘ 하면서도 귀염둥이 손자의 재롱이라 기분이 좋았는데 그 위에 한 수 더 뜨는 것이 아닌가. 그의 잔을 입으로 가져가 마시는 시늉을 하더니 바로 내려놓으며 두 사람을 향해 얼른 마시고 함께 손뼉을 치라고 조르니 언제 술자리 주법을 그렇게 눈여겨봐 두었던지 기가 찰 노릇이었다.

기특하다고 해야 할지 어이없다고 해야 할지 어안이 벙벙하였지만 시키는 대로 따라 할 수밖에. 손자의 거듭된 건배 제의에 맞장구를 치는 사이 차례 주는 어느새 동이 났지만 삼대가 함께 주거니 받거니 하며 둘러앉은 설날 아침의 밥상머리는 환하게 웃음꽃이 피어오르고 오랜만에 사람 사는 맛이 났다.

요즈음 크고 작은 회식자리 어디를 가나 모임에 참석한 모든 사람들은 음식을 먹기에 앞서 싫든 좋든 건배주 한두 잔은 들게 마련이다. 건배 의식을 거쳐야 회식이 시작되기 때문이다. 이처럼 건배는 회식의 서막을 여는 화두로 자리 잡은 지 오래되었다. 하지만 그 시작은 언제 어디서 유래 되었는지는 정확히 알려지지 않고 있다. 일설에 의하면 로마시대 술을 마시기 위해 상대방이 독을 탔을까 우려해 서로 잔을 부딪치게 함으로써 상호 간의 술이 섞이게 하는 의식에서 출발되었다는 설이 있다. 또한 종교행사에서 타종으로 악마를 쫓아내기 위한 의식에서 시작되었다는 설도 있지만 아직까지 정설로 인정된 것은 없는 모양이다.

건배를 왜 하는지 물으면 그 답 또한 사람에 따라 다르고 명쾌하게 정의를 내릴 수도 없다. 그저 술잔이 맞닿는 순간 울려 나오는 해맑은 소리에 마음이 서로 통하고 믿음과 정이 쌓이며 분위기를 띄우기 때문이라고 말한다. 듣고 보니 건배 제의는 누구나 할 수도 있지만 그렇다고 아무나 해서는 안 될 것 같다. 실제로 간결하면서도 멋진 건배사 끝에 함께 구호를 외친 후 '짱' 하고 잔을 부딪치면 그간에 받은 스트레스는 씻은 듯이 날아가고 순간의 행복감에 젖어 들게 된다. 행사 주관자나 그 자리의 리더는 모임의 성격이나 목적에 알맞은 건배사 한두 마디 미리 준비해 두어야 할 것 같다.

건배사는 모임의 장소와 상황에 잘 어울릴 수 있는 자기만이 할 수 있는 즉 나만의 건배사가 되면 더욱 좋다고 한다. 행사 내용에 적합한 이야기를 간결하게 살짝 풀어놓고 마지막에 이를 축약한 구호를 외치게 하면 일석이조의 효과를 낼 것이다.

지금까지 회식자리에서 많이 사용하는 건배 구호는 주로 '~을 위하여'이다. 이것은 기관이나 각종 단체 기업 군대는 물론 동창회 향우회 심지어 소규모의 계모임에 이르기까지 무슨 말을 연결해도 잘 어울리고 쉽게 접근할 수 있어 좋다. 너무 많이 들어왔기에 식상하다고 하면서도 아직도 자주 사용되고 있는 몇 가지를 나열해 본다. '개나발' 개인과 나라의 발전을 위하여, '나가자'-나라와 가정과 자신의 발전을 위하여, '진달래'-진실하고 달콤한 내일을 위하여, '사우나'-사랑과 우정을 나눕시다, '오징어'-오래도록 징그러울 정도로 어울리며 살자, '재건축'-재미있고 건강하게 축복 받으며 살자 등 주로 건강과 우정 그리고 미래를 향한 의미가 내포되어 있다.

이 외도 '당나귀', '사이다', '변사또' 에서부터 사자성어 형식으로 된 '소녀 시대', '당신 멋져', '원더걸스' 등도 유머와 위트가 넘쳐나니 빼놓을 수 없다. 조직의 목표달성과 단합을 위한 것으로 "도전-영원히, 우리는-하나다, 지화자-좋~다" 등 한 사람이 선창하면 나머지 모두가 받아치거나 같은 용어를 두세 전 반복하며 마무리를 짓는 것도 있으니 재미있다. 건강과 미래, 사랑과 우정을 다지면서 회식자리의 분위기를 무르익게 만들어 행복감에 젖어들게 하는 건배사야말로 구성원의 단합을 이루게 하는데 그만이다.

한때 유행되던 '오바마'라는 건배 구호가 있다. 당시 미국 대통령의 이름을 딴 오바마는 '오늘 바래다줄게 마음껏 마시자'는 술자리에서 즐겨 쓰는 구호인데 '오빠, 바라만 보지 말고 마음대로 해'라고 풀이하면 여성을 비하하는 표현이 될 수도 있으니 주의해야 할 것이다.

건배乾杯는 원래 잔을 깨끗이 비운다는 뜻으로 동양문화권인 우리나라와 일본, 중국이 발음만 약간 다를 뿐 공통의 단어를 쓰고 있다. 건배 제의를 하는 경우 보통의 순서를 알아둠이 좋을 것 같다.

먼저 자리에 함께한 모든 사람들에게 잔을 채우게 하고 기회를 준 사람에게 감사의 인사를 건넨 후 모임의 성격에 걸맞은 내용을 간결하게 말하고 건강과 희망 등에 관련된 구호를 외치게 한 다음 잔을 비우는 것이 일반적이다.

멋진 건배사 한두 마디는 회식자리의 분위기를 띄우고 그 사람의 인격까지 새삼 돋보이게 한다. 우리 다 같이 내일의 건강과 행복을 위하여 건배!

응답 없는 메아리

2011년 12월 14일 수요일 낮 12시. 살을 에는 추위 속에 서울 종로구에 있는 일본 대사관 앞에서 일본군 위안부 문제해결을 촉구하는 집회가 열렸다. 일본 정부를 향하여 짓밟힌 인권에 대한 사과와 명예회복을 요구하는 메아리를 꼭 일천 번째 날려 보낸 감회 어린 행사였다.

이 집회는 한국정신대문제대책협의회가 일제강점기 일본군에 강제로 끌려가 그들의 성 노예가 됐던 종군위안부 할머니들의 한을 씻어주기 위하여 매주 수요일마다 개최한다. 1992년 1월 처음 시작한 이래 이번까지 스무 해 동안 빠짐없이 개최하여 왔다.

동일 목적의 집회를 매주 같은 시각, 같은 장소에서 같은 구호를 외치며 천 번이나 계속하여 왔으니 감격스럽다. 하지만 그토록 외쳐도 아무런 응답이 없으니 가슴 한쪽을 잃은 것 같은 허전함도 솟구친다.

강산이 두 번이나 변하는 동안 위안부 할머니들이 흘린 눈물과 탄식은 강물을 이루고도 남았으리라. 일본 정부는 얼마나 강심장이며 우리 정부 또한 그동안 무엇을 했단 말인가.

이날 위안부 할머니들은 집회와 함께 특별히 시민 성금으로 평화비를 만들어 일본 대사관 맞은편에 세웠다. 치마저고리에 두 손을 단정하게 양 무릎 위에 올리고 나무 걸상에 앉아 있는 앳된 소녀의 동상이다. 아무것도 모른 채 종군위안부로 끌려갈 당시의 순박한 소녀의 모습을 연상케 한다. 동상 아래 대리석 명판에는 수요 집회의 개최 의미와 그 숭고한 정신을 이어가자는 문안을 한국어, 영어, 일본어로 새겨놓았다.

평화비를 세운 목적은 이십 년 동안 외쳐온 위안부 할머니들의 요구를 묵살하고 있는 일본 정부에 대한 무언의 항의 표시다. 이 평화비를 출퇴근 할 때마다 쳐다볼 수밖에 없는 주한 일본대사는 진정한 마음에서 우리 국민의 뜻을 전달하여 메아리로 돌아오게 해야 하리라.

일천 번째의 집회에다 평화비까지, 제아무리 벙어리요 귀머거리처럼 냉담했던 일본 정부도 답신 한마디 할 만도 하건만 오히려 반대 입장을 표명하며 오만을 부렸다. 바로 이날 후지무라 오사무 관방장관은 기자회견을 열어 평화비 철거를 강력히 요구하며 나섰다. 이도 부족하여 무토 마사토시 주한 일본대사를 우리 외교부에 보내 그들의 뜻을 전달토록 하는 등 문제의 본질을 벗어나 도를 넘는 행동을 보이기만 했다.

첫 집회 당시 뜻을 같이했던 위안부 할머니의 수는 이백 명이 넘었으나 스무 해를 지내오는 동안 일백칠십여 명이 세상을 떠나 현재는 육십여 명만 남아 있다. 한 해 평균 열 명 가까이 저세상으로 간 셈이다. 남아 있는 분들의 평균 나이는 이제 구순으로 접어드니 날이 갈수록 그 수는 더욱 빠르게 줄어 갈 것이다. 어쩌면 모두 눈을 감을 때까지 채 십 년이 걸리지 않을지도 모른다.

일본은 과연 이분들께 그들이 행한 죄과를 인정하고 그동안에 흘려온 피눈물을 진정으로 닦아줄 수는 없는가. 우리 정부 또한 보다 적극적인 외교대응으로 거동조차 불편하신 할머니들을 거리에 나서지 않도록 해결책을 강구할 수는 없을까.

삼 년 전 종군위안부 할머니들에 대한 사연을 접하게 되면서 부쩍 관심이 높아졌다. 이국 만 리 전쟁터에서 일본군의 성 노리개로 만신창이가 되어버린 삶. 조국 광복으로 죽지 못해 고국으로 돌아왔지만 그들이 설 땅은 아무 데도 없었다. 일생을 그늘 속에 살아온 그들을 누군가 보상해 주어야 마땅하다. 불행했던 역사의 한편에서 죄인처럼 살아온 할머니들께 따뜻한 시선과 손길을 보내야 하리라. 이분들의 한 서린 삶을 언제까지 한두 시민단체에 맡겨둘 수만은 없다. 늦었지만 정부가 앞장서 문제해결에 나서야 하고 온 국민의 관심도 높아졌으면 한다.

한일 간의 과거 역사에 마지막으로 풀어야 할 종군위안부 문제. 이 문제를 제대로 풀지 않으면 불행했던 과거 역사가 깨끗하게 씻기지 않으리라. 미래지향적 선린우호와 협력관계 유지를 위해서도 더 이상 응답 없는 메아리가 되어서는 안 될 것이다. 수요 집회 1000회를 바라보면서 일본 정부의 진정한 반성과 우리 정부의 적극적인 대응을 기대하여 본다.

(『물목문학』 7호 2012)

아! 천안함

삶과 죽음을 가르는 아비규환의 몸부림이 서해의 밤바다를 울부짖게 했다. 2010년 3월 26일 밤 9시 22분. 백령도 남방 영해상에서 초계임무를 수행하던 천안함이 기습어뢰 한 방에 두 동강이로 잘려 침몰하면서 46명의 해군용사들이 한꺼번에 사망한 대형 참사가 일어났다.

당시 천안함에는 조국의 바다를 지키기 위하여 임무를 수행 중인 104명의 장병이 타고 있었다. 그들은 모두 대한민국의 아들이며 우리 이웃의 청년들이었다. 더러는 아빠요 남편이며 형이요 오빠며 동생이기도 하다.

먹먹한 기관 소리만이 귀를 채우며 칠흑 같은 어둠 속을 항진하는데 갑자기 "쾅"하는 굉음 소리와 동시 몸이 공중으로 뜨는 듯한 느낌을 받는 순간 선체는 둘로 찢겨나가면서 참담한 비극은 시작되었다. 이른바 버블제트 현상에 의한 비접속 폭발이라는, 보통사람으로는 이해하기 힘든 말이요 역사적인 비극이다.

눈 깜짝할 사이에 몰아친 생과 사의 아수라장. 한 치 앞을 분별할 수조차 없는 어둠과 차가운 바닷물이 온몸을 휘감은 생지옥 같은 처절한 현장의 몸부림을 어찌 상상조차 할 수 있으랴. 시시각각 조여오는 죽음을 눈앞에 두고 탈출에 성공하여 살아남은 자도 순식간에 물이 들어찬 좁은 격실을 빠져나오지 못한 채 죽음을 맞이하며 얼마나 발버둥을 쳤을까 생각하면 등골이 오싹해진다.

급박한 소용돌이가 굽이치는 동안 긴급 타전을 받고 달려온 해양경찰대의 순시선에 의해 구조된 인원은 쉰여덟 명. 나머지 마흔여섯 명의 얼굴은 끝내 보이지 않았다. 운명의 신은 운명을 같이해야 할 승조원 모두를 구해 내지 않고 삶과 죽음으로 갈라놓았다. 아찔한 사이 바로 옆에 있던 전우를 잃은 장병들의 허탈감과 살아남아 오히려 죄스럽다는 심정이 오죽했을지. 청천벽력 같은 사고 소식을 접한 유족들의 슬픔을 무엇으로 달래야 할지 나라 전체를 통곡하게 만들었다.

참사 발생 즉시 대부분의 국민은 비극을 일으킨 당사자가 누구인지 짐작하고도 남았지만 정작 군과 정부 당국은 신중론을 펴면서 몇 번이나 말을 바꾸었다. 수습과 대응조치 또한 미미하여 불신과 의혹을 불러일으키게 하였음은 안타까운 일이 아닐 수 없다. 전시도 아닌 평시에 적군이 발사한 어뢰 한 방에 이처럼 한꺼번에 꽃다운 젊은 생명들을 잃다니. 큰 죄를 지은 자는 마땅히 그에 상응하는 응징을 반드시 받아야 하고 또 받게 만들어야 할 것이다. 하지만 사건 발생 몇 달이 지났는데도 흐지부지 넘어가는 것만 같고 아직도 국내는 물론 국제사회에서도 분명한 지지를 받지 못하는 것 같아 안타깝다.

마지막까지 살기 위하여 혼신의 힘을 다했지만 살아 돌아오지 못한 병사들의 얼굴이 떠오른다. 그들은 뒤집힌 선실 안에서 목 안으로 차

오르는 물을 몸 안 가득 채우면서 무슨 생각을 했을까. 두고 온 가족의 이름들을 차례로 불렀을지 아니면 분단된 조국을 원망하며 나라의 안위를 부탁한다고 말했을지. 피 맺힌 절규로 뭔가 우리에게 숙제를 준 것만은 분명한 것 같다.

참사가 발생한 지 며칠이 지나도 돌아오지 않는 수병들을 향하여 그들의 선배인 한 의대 교수는 기다리다 못해 긴급명령을 내렸다.

> 772함 나와라/ 가스 터어빈실 이승원 하사 대답하라/ (…)그대 임무 종료되었으니 이 밤이 다 가기 전에 귀대하라/ 거치른 물살 헤치고 바다 위로 부상하라/ 온힘을 다하여 우리 곁으로 돌아오라/ (…) 전선의 초계는/ 이제 전우들에게 맡기고/ 오로지 살아서 귀환하라/ 이것이 그대들에게 대한민국이 부여한 마지막 명령이다
>
> – 김덕규 님의 시 「722함 수병은 귀환하라」 중에서

그들에게 내린 선배의 준엄한 명령에도 유가족과 온 국민이 이제 그대들 임무가 끝났으니 우리 곁으로 돌아오라며 땅을 치며 내린 명령에도 그들은 묵묵부답인 채 얼굴조차 보여주지 않았다. 그러다 스무날 만에 천안함의 함미가 바다 위로 끌어 올려지던 날 어느 시인은 그들은 묵언默言으로 우리에게 답하였다며 이렇게 썼다.

> 마지막 귀대 명령을 받기 전에/ 나의 임무는 끝났다/ 그저 조국의 부름을 받았고/ 명령에 따라 나의 길을 갔을 뿐이다/ 가라앉는 함체를 잡은 손이 펴지지 않았다/ (…)살아남은 내 전우에게/ 이제 남은 명령은 그대들 몫이오/ 나의 빈 자리에 이리 적어 주시오/ 최후까지 아무것도 모르고 군

인으로 살았다고…/

그리고 이 모든 답은 묵언으로 답하라…

–정끝별 시인의 「천안함 인양을 보면서」 중에서

벚꽃 망울이 터지려고 심한 몸살을 앓던 날 밤. 바다의 용사들은 꽃다운 젊음을 펴 보지도 못하고 우리 곁을 떠났다. 마지막 숨을 거두면서 입을 다문 채 "이제 남은 명령은 이 땅에 살고 있는 당신들의 몫"이라고 우리들을 향하여 절규를 토하였을 것이다. 그들의 절규를 결코 잊어서는 안 되리라.

장례식 날 대통령께서 온 국민과 함께 눈물 흘리며 부르던 그 이름들. 남기훈 상사, 신선중 중사, 김종헌 중사, 박보람 하사, 이상민 병장, 김선명 상병, 강태민 일병…서해의 수호신으로 영원히 잠든 영령들에게 삼가 명복을 빈다.

아! 772천안함. 적의 기습 한 방에 두 동강 난 채 그 어둡고 차가운 탁류 속에서 얼마나 서로 찾아 헤맸던가. 복부가 비록 갈기갈기 찢겨 나가 만신창이滿身瘡痍 되었지만 지상에서나마 다시 한 몸으로 만났으니 마흔여섯 해군 용사와 함께 영원하여라.

(『통영문학』 29호 2010)

한국축구와 인생

2018년 유월을 뜨겁게 달구던 러시아 월드컵은 프랑스의 우승으로 대단원의 막을 내렸다. 이 대회 조별예선에서 한국은 16강의 벽은 넘지 못하였지만 예상을 뒤엎고 강력한 우승후보 독일을 2:0으로 물리쳐 세계를 놀라게 하였다. FIFA랭킹 1위이자 직전대회 우승국인 독일은 FIFA랭킹 57위인 한국에 패하여 조별예선조차 통과하지 못하고 주저앉게 되어 그들 국민에게 크나큰 실망을 안겨 주었다. 월드컵 참여 이래 조별리그 탈락은 처음이며 아시아 팀에 패한 것 역시 처음이라 엄청난 수모를 당하였다.

매 4년마다 개최되는 월드컵은 각 대륙별로 사전에 치열한 예선전을 거쳐 선발된 32개국 대표 팀이 자국의 명예와 자존심을 걸고 용호상박의 자웅을 겨루는 전 세계 인류의 스포츠 대제전이다. 단일 경기로 전 세계인의 관심과 이목을 집중시키고 열광의 도가니에 빠져들게 만드는 스포츠는 더 이상 없을 것이다.

본선에 진출하는 것만으로도 선수 개인은 물론 국가의 자긍심이 높아지고 유무형의 가치를 창조하게 된다. 국가대표선수로 선발됨은 일생일대의 영예이며 국위선양의 기수로서 국민의 선망을 받는 인물이 되기도 한다. 그렇게 되기까지 뼈를 깎는 고통과 담금질을 이겨내야 하며 엄청난 물질적 시간적 투자가 뒤따라야 한다. 국가차원에서도 대표 팀의 육성을 위하여 우수한 지도자의 양성과 함께 선수와 팀에 대하여 체계적이고 과학적인 관리와 고액의 투자가 계속되어야 함은 말할 것도 없다.

월드컵에서의 한판승리는 돈으로 계산해 낼 수 없는 국부를 창출해 낸다. 국가브랜드가 상승하여 국민의 자긍심이 높아지고 저절로 애국심을 솟아오르게 만든다. 감독은 승리를 위하여 남다른 지혜와 리더십을 발휘해야 하고 선수는 끝까지 최고의 정신력과 기량을 발휘하여 종료휘슬이 울릴 때까지 최선을 다하여야 승리를 얻어 낼 수 있다. 국민도 한마음으로 열렬히 응원하여 선수들의 사기를 복돋우고 관심을 가져야 더욱 좋은 성과를 거둘 수 있다.

한국축구는 올해 아시안게임에서 승리하였다. 하지만 월드컵에서의 정상자리는 아직도 멀어만 보인다. 그날이 언젠가 오길 바라면서 월드컵 도전사를 간단히 되돌아본다.

한국축구의 월드컵 도전역사는 파란만장하다. 첫 출전은 1954년 스위스대회였다. 6.25 한국전쟁의 폐허 속에서 미군의 군용기를 빌려 타고 장시간 비행 끝에 휴식도 제대로 취하지 못한 채 바로 경기에 임하였다. 첫 상대인 헝가리 팀에 0:9, 두 번째 상대인 터키에 0:7이란 치욕적 참패를 당하였다. 당시 한국은 출전 32개국 중 국민소득

일백불도 안 되는 세계에서 가장 가난한 국가였다.

그로부터 반세기의 세월이 흘러 2002년 한국과 일본이 공동개최한 월드컵에서 4강 신화를 창조하여 온 나라를 축제분위기에 젖어들게 하였으며 국가의 위상을 한 단계 드높이는 계기를 만들었다. 히딩크라는 유명 지도자의 특별한 용병술과 선수들의 투혼으로 이뤄낸 금자탑이었다. 하지만 그것은 자국개최 이점과 붉은악마 응원단들이 함께 뛰어 얻어낸 안방 프리미엄효과 라고도 말할 수 있다. 한국은 현재까지 치열한 지역예선전을 치르고 10여 차례 연속하여 본선에 진출 하였으나 한일 공동개최 월드컵을 제외하면 원정경기에서 단 한차례 조별예선을 통과하였을 뿐이다.

바로 2010년 남아공 월드컵대회로 본선진출 56년 만에 이룬 쾌거이었다. 이후 2014년과 2018년 연이어 기회가 주어졌지만 역시 16강의 벽을 넘지 못하였다. 특히 이번의 경우 세계최강 전차군단 독일을 이기고도 멕시코와 스웨덴에 아깝게 져 조별예선을 통과하지 못하여 더욱 아쉬움이 크다. 아시아의 맹주자리를 지키고 있기는 하나 아직도 월드컵 본무대의 벽은 여전히 높기만 하다.

스포츠는 인간에게 감동과 희열을 가져다준다. 그중에서도 축구는 한판의 도박처럼 가장 높은 기대와 설렘을 만들어 낸다. 둥근 공의 향배는 자주 예측불허의 결과를 불러 오므로 아무리 강한 팀이라고 해도 섣불리 우승을 단정할 수 없다. 그래서 더욱 재미에 빠져들게 만든다.

어찌 보면 인생도 한판의 축구경기와 같다는 생각이 든다. 기회를 잡으면 확실하게 골과 연결시켜야 만이 승리할 수 있음은 인생에서도 기회가 오면 타이밍을 놓치지 말고 확실하게 붙잡아 내 것으로 만들어야 성공할 수 있음과 같다고 볼 수 있다. 리더십 네트워크 창립자인 밥버포드는 인생을 축구에 비하여 전반기와 후반기 그리고 그 사이에 존재하는 하프타임으로 구분했다. 그는 마흔 살 전후의 시기를 하프타임으로 지정하고 그때까지 지나온 과정을 되돌아보고 차분하게 후반기 인생을 맞이할 계획을 세워야 한다고 말하였다.

축구는 전 후반 구분 없이 열심히 뛰어야 하지만 중간에 반드시 하프타임이 있다. 하프타임의 적절한 활용은 지금까지의 경기 흐름과 전세를 뒤바뀌게 할 수도 있다. 전반에 열심히 뛰는 것도 중요하지만 적절한 체력안배와 상대방의 전력분석은 물론 경기흐름을 잘 파악하여 후반전에 나서야 한다. 그리고 마지막 종료휘슬이 울릴 때까지 단 일초도 마음 놓아서는 안 된다. 만약 후반전까지 가도 승부가 나지 않는다면 다시 연장전에 대한 대비책 역시 한 치의 소홀함도 있어서는 아니 됨은 말할 것도 없다.

지금 나의 인생은 후반전인가 연장전인가. 후반전이라도 좋고 연장전이라도 좋다. 종료휘슬이 울릴 때까지 최선을 다하여 뛰고 또 뛰면 반드시 좋은 결과를 얻어내리라 믿는다. 인생도 축구도 마무리가 중요하다.

한국축구의 위대한 내일을 기대하며 나 또한 깨끗하고 아름다운 인생마무리를 위하여 잠시의 틈도 놓지 않으련다.

촛불민심과 태극기민심을 보며

최순실 국정농단이 온 나라를 어지럽게 만든 지 반년이 지나고 있다. 매주말 광화문거리를 가득 메우던 촛불인파와 언론의 충동성 보도를 민심으로 인식한 국회는 서둘러 대통령탄핵을 결정하였다. 한동안 촛불의 추이를 지켜보던 박사모등 보수우파단체도 가만히 앉아서 당할 수 없다며 태극기민심을 일으켜 탄핵기각을 외치고 있다.

정국은 혼돈에 빠져있는데 민심은 양쪽으로 갈라져 있으니 나라의 운명은 한 치 앞을 예측할 수 없다. 촛불집회도 태극기집회도 날이 갈수록 처음의 순수성을 벗어나 일촉즉발의 충돌사태가 벌어질 것 같아 국민 불안은 더하여간다.

정치지도자들은 사태를 조기 수습하여 국민통합을 이루어야 할 책임을 내 던지고 집회에 참여하여 국론분열을 더욱 부추기고 있다. 갈라선 민심을 하나로 묶을 큰 바위얼굴을 닮은 위대한 지도자는 어디에도 없어 보인다.

사 년 전 우리는 올곧은 신념과 청렴한 정책수행으로 모든 국민이 편안한 삶을 누리게 하리라 기대하며 박근혜 후보를 대통령으로 선출하였다. 청와대에서 아버지의 국가통치 이념과 국정수행 역할을 체험하였기에 누구보다 잘하리라 믿었다. 하지만 임기 일 년을 남겨둔 채 수족이 모두 잘리고 따르던 식구들마저 딴살림을 차려 나가면서 식물 대통령이 되었다. 여성으로서의 청순함과 부러움을 한 몸에 지니고 천하를 호령하던 위엄은 간데없고 기댈 기둥 하나 없는 혈혈단신으로 헌재의 심판을 기다리고 있으니 이 무슨 얄궂은 운명이라 해야 할지.

최순실 게이트로 국민을 이토록 실망시키는 대통령이 될 줄은 누구도 알지 못하였다. 모두가 자승자박(自繩自縛)이요 신하를 잘못 둔 죄이다. 국가경영의 최고책임자로서 사적인연에 얽매여 국정을 농락하게 만든 죄, 무소불위의 권력을 휘둘러 낙하산 인사를 단행한 죄, 상대를 무조건 무시하고 소통을 하지 않은 죄, 책사를 잘못 두어 주변의 눈과 귀를 막게 한 죄 등이다. 자신은 그 어떤 사익도 취하지 않았다는데 온몸이 올가미에 묶여 빠져나오지 못함은 누구를 탓하여야 하나.

역대 어느 대통령보다 가장 깨끗한 대통령으로 기억되리라 기대하였는데 국정농단의 주범이라 지목된 자와 함께 그 무슨 재단을 만들어 부를 축적하려 했음이 사실이라면 믿은 돌에 발등 찍힌 것과 다름없다. 남편도 자식도 없어 대한민국과 결혼하였다며 친형제마저 청와대에 발 못 붙이게 하더니 고작 이런 모습을 보여주려 했던가. 신념의 지도자요 청렴의 표상처럼 보이던 기개는 어디가고 의혹의 수렁에 빠져 허우적대고 있으니 이 무슨 변고란 말인가.

대통령도 인간이다. 비록 사십 년 지기 신변보호자를 떼어 내지 못하여 이토록 나라 일을 그르치게 만들었지만 그래도 친인척의 부정축재나 권력남용은 없는 것으로 보인다. 국정수행에 대한 잘못은 법으로 엄격히 가려야 하지만 사익을 위하여 부정을 저질렀는지는 아직까지 정확히 드러나지 않고 있다. 국가안위와 관련된 내우외란의 중대한 범죄가 아니라면 이제라도 스스로 물러 날 수 있도록 퇴로를 열어 줄 수는 없는지.

탄핵소추에 대한 헌법재판소의 결정이 가까워지면서 촛불민심과 태극기 민심은 더욱 뜨거워지고 있다. 대통령이 되겠다는 사람들과 정당대표들이 집회에 얼굴을 내미니 군중은 구름같이 몰려들고 양쪽의 민심은 용광로처럼 달아오른다. 이러다 어느 한쪽의 민심이반으로 큰 일이 일어나지 않을까 염려스럽다. 사태는 세 대결로 끝날 일이 아니다. 법치주의 국가의 국민으로서 조용히 헌재의 판결을 기다리고 결과를 수용하는 아량이 요구된다.

촛불민심과 태극기민심은 그 나름의 상징성과 목적을 가지고 있다. 대통령이 되려는 사람은 양쪽이 바라는 바를 아우르고 실천할 수 있는 능력을 갖춰야 할 것이다.

이제 이 나라의 지도급 인사들이 지혜를 모아 국민을 하나로 뭉치게 할 때이다. 주말마다 수도 서울의 한복판이 시위 군중으로 뒤덮이는 현장을 제발 보지 않았으면 한다. 헌재는 어느 쪽의 압박에도 기울어짐 없이 엄정한 법의 논리에 의하여 공정한 판단을 내릴 것이라 믿는다.

촛불민심도 태극기 민심도 일촉즉발의 위기로 더 이상 국민을 불안하게 만들지 말아야 한다. 정치지도자들 역시 양쪽의 민심을 핑계 삼아 편 가르기 언행을 삼가하고 국민통합의 길을 열어주길 바란다.

(2017. 2.25. 한산신문)

허물을 벗는 지혜

계사년 아침이 밝아온다. 지금 이 시각 수많은 사람들이 해돋이로 유명한 산이나 바닷가에서 추위도 아랑곳하지 않은 채 저마다의 소원을 품고 동녘 하늘을 향해 마음을 가다듬고 있을 것이다.

올해는 뱀띠해 중에서도 예순 해 만에 한 번 찾아온다는 흑뱀띠의 해다. 동양에서는 행운을 상징한다고 여기니 무슨 좋은 일 하나라도 있으면 좋으련만. 해맞이 대신 대중탕 욕조 안에서 지난해를 잠시 되돌아본다. 질병 중에서도 사망률이 가장 높다는 특정 암에 걸려 대수술을 받고 이렇게 살아 있는 것이 꿈만 같다. 현대의술과 가족의 도움이 아니었으면 저세상으로 가버렸을지도 모른다. 올해는 제발 나를 둘러싼 가족 모두 병마에서 벗어나고 나라의 경제가 잘 풀려 서민들이 활기찬 생활을 할 수 있도록 빌어 본다.

뱀은 아주 옛날부터 혐오와 공포의 대상이면서 인간과 밀접한 관계를 맺어 왔다. 고대의 벽화 여러 곳에 그려져 있으며 동남아 일부 나라는 신주처럼 모신 사당도 있다고 한다. 성경은 인간을 에덴동산으로부터 추방당하게 만든 악마의 사신으로 적고 있으며 불경에서도 사람을 꾀어 악업의 길로 인도하는 사악한 동물로 간주하고 있다.

그리스 신화는 이 세상의 거대한 대륙을 품고 있는 바다의 테두리는 그것이 제 꼬리를 물고 감싸고 있는 것이라 상상하였다고 전한다. 그래서 화가 나면 큰 파도를 일으켜 인간의 세계를 휩쓸어 버릴 수 있다고 생각하여 공포의 대상이면서 숭배의 싹이 트게 되었다고 한다.

어릴 때의 기억이 떠오른다. 사방 돌담으로 둘러싸인 우리 집엔 해마다 여름철만 되면 몸집이 어른 팔뚝만큼 커다란 흑구렁이가 한두 번씩 기어 나와 질겁하게 만들었다. 그때마다 나는 돌멩이를 집어 들고 도망을 치며 내쫓으려 하였지만 할머니께서는 우리 집을 지켜주는 영물이므로 절대로 해코지를 하면 안 된다고 하셨다. 그러면서 '밖에는 왜 나왔어요, 이제 그만 들어가요.' 라고 말하면 마치 알아듣기라도 하듯 스르르 몸을 감추었다. 지금 생각해보니 터 구렁이에 대한 숭배사상인 것 같다.

독을 잔뜩 품은 삼각머리와 날름거리는 혀, 유달리 찬 느낌을 주는 섬뜩함과 온몸을 칭칭 감아들 것 같은 징그러운 모습으로 가장 혐오스런 동물이지만 인간에게 해만 끼치는 것은 아니다. 독사에게 물리면 생명까지 잃게 되는 치명상을 입지만 여기서 빼내는 맹독 성분이 최고급 고혈압 치료제와 혈전 용해제로 의료시장을 장악하고 있으며 얼굴의 주름살을 펴는 화장품으로도 매우 높은 효과를 나타내어 귀한 대접을 받고 있다.

땅과 가장 가까운 동물로서 왕성한 땅의 기운을 듬뿍 받아서인지 강한 번식력을 지녀 한꺼번에 많은 알을 낳으므로 오래전부터 풍요와 다산의 염원으로 삼아왔다. 또한 치유와 영생의 대상으로 여겨 세계 각국에서 의학계의 심벌마크로 이용되고 있기도 하다. 일반인이라면 행여 꿈에 보일까 두려워하지만 독일의 화학자 케쿨러는 꿈에 나타난 이것들의 꿈틀거림을 보고 벤젠구조식을 만들어 노벨상을 받았다고 한다. 조셉 겜벨이라는 신화학자는 '과거를 벗어던지고 끊임없이 새 삶을 이어가는 생명의 상징' 이라고 추켜세우기도 하였으니 멀리할 수만도 없다.

우리 속담에 '구멍 안에 든 구렁이 길이를 모른다.' 와 '구렁이 담 넘어가듯 한다.' 는 말이 있다. 어떤 사람에 대한 숨은 재주나 능력을 제대로 알지 못한 채 그를 함부로 평가해서는 아니 될 것이며 어떤 일에 대한 과오나 책임은 덮어 둔 채 적당히 얼버무려 넘어가면 아니 된다는 충고이다.

우리가 진작 배워야 할 것은 따로 있다. 서리가 내리기 시작하면 이들은 일제히 동면에 들어간다. 해마다 자기가 태어나고 자랐던 곳으로 돌아와 봄이 되어 날이 풀릴 때까지 기나긴 겨울잠을 자게 된다. 이러한 행태는 냉온동물의 생리를 벗어날 수 없는 환경에 적응하기 위하여 수십 마리가 한데 어울려 서로의 몸을 휘감고 체온을 받쳐주며 충분한 휴식과 재충전을 통하여 때를 기다린다고 볼 수 있다. 어찌 보면 귀소본능의 이치요, 살아남기 위한 몸부림과 자기수련의 기간이기도 하다.

아무 때나 나서다 망신이나 실패를 당하기보다 충분한 힘을 쌓아 기회가 오면 유감없이 실력을 발휘하여 목표를 달성하겠다는 의지이다. 전진만이 능사가 아니라 때로는 물러날 줄도 웅크릴 줄도 알아야 하며 또한 가는 길도 되돌아보아야 함을 말해주는 것은 아닌지.

한 가지 더 있다. 바로 자기의 허물을 벗는 것이다. 너나 할 것 없이 우리는 모두 이것을 가지고 있지만 자신의 것은 제쳐두고 상대방의 것만 보이거나 덮어씌워 공격의 대상이나 출세의 도구로 삼으려 한다. 뱀은 일 년에 한두 번 스스로 허물을 벗으면서 새롭게 태어나고 성장을 거듭한다. 영생불사의 이야기도 여기서 나온다. 그 기다란 몸통의 꺼풀은 말할 것도 없고 우리 눈에는 잘 보이지 않지만 눈과 입속의 허물까지 한꺼번에 벗어낸다고 한다. 그럴 때마다 인간의 출산에 버금가는 아픔을 견뎌내야 할 것이니 오죽하랴. 우리가 그것을 쉽게 벗지 못하는 것은 그만큼 심적으로 큰 고통이 따르기 때문이다. 어찌 자신의 육신을 감싸고 있는 허물을 벗어내는 고통을 감내하지 못하면서 남의 것을 탓하리오.

올 한해만이라도 나 자신을 뒤돌아보며 내 몸을 감싸고 있는 나쁜 것이 무엇인지 알아내고 그것들을 하나씩 벗어던져야 하겠다.

허물을 벗는 지혜를 뱀에게서 배우고 싶다.

(『물목문학』 8호,.2013)

한국인과 호랑이

경인년 새해 초. 이름 있는 화백으로부터 귀한 선물 하나를 우편으로 받았다. 흔히 지인으로부터 보내오는 의례적인 인사말이 적힌 연하장이라 생각하고 봉투를 열었더니 뜻밖에도 검은 줄무늬를 두른 백호 한 마리가 용맹스런 모습으로 뛰어나오는 그림이었다.

위풍당당한 자태에 눈이 끌려 뚫어지게 바라보았다. 번뜩이는 눈빛과 힘차게 치켜든 꼬리가 순식간에 상대를 제압해 버리고 말 것 같은 위용을 보이니 과연 백수의 제왕이라 부를 만도 하다. 여백엔 호시우보虎視牛步란 제호와 함께 작가의 성함과 낙관이 선명하게 찍혀 있다. 백호의 기운이 온몸을 타고 흐르는 듯하다. 나에게도 큰 행운이 찾아오려나….

새해가 시작되면서 많은 사람들이 올해는 예순 해 만에 돌아오는 백호의 해라며 덕담을 주고받는다. 나라에 상서로운 기운이 내려 국운이 융성하고 사회도 경제도 나아지리라 전망한다. 희망을 가지게 함은 좋으나 얽히고설킨 일들이 제대로 풀려나갈지 의문이다.

우리 한민족은 먼 옛날부터 호랑이와 깊은 인연을 맺어왔다. 단군 신화에서부터 설화나 동화 속의 이야기 주인공으로 민중 속에 파고들어 친숙한 사이가 된 지 오래다. 그 기상은 한국인의 혼으로 작용하여 우리 몸속에 흐르고 있다 해도 과언이 아니다.

어릴 적 할머니로부터 들었거나 동화책에서 본 이야기가 아직도 귀에 생생하다. 효자를 알아보고 해치지 않으며 은혜를 입으면 보답하고 잘못하면 벌을 받는 것을 통하여 권선징악의 교훈을 배웠다. 토끼 등 약한 동물로 부터 봉변을 당하는 것에서 약자의 지혜를 떠올리게 하는 재미도 준다.

엄마를 잡아먹고도 모자라 집으로 찾아온 것을 피해 나무에 오른 오누이가 하늘에서 내려준 동아줄을 타고 올라가 해와 달이 되었다는 「해님과 달님」, 배가 고파 마을로 내려왔으나 곶감이 아이의 울음을 그치게 하는 말을 듣고 자기보다 더 무서운 놈이 곶감인 줄 알고 도망을 쳤다는 「호랑이와 곶감」 이야기는 우리 민족만의 정감과 해학이 넘치는 고전이다.

사찰의 법당이나 산신각의 벽면에는 대부분 산신령과 함께 호랑이 그림이 그려져 있다. 산속의 모든 동물을 지배하고 다스리는 산왕대신으로서 산신령과 동일한 숭배를 하기 위한 조상님들의 신앙심이 묻혀 있다는 생각이 든다.

일제강점기 육당 최남선 선생은 한반도의 지형을 호랑이로 형상화한 지도를 고안하여 우리나라 최초의 잡지인 ≪소년≫ 창간호에 실었다. 일본이 우리 민족의 기상과 국력을 약화시키기 위하여 한반도의 지도를 작고 연약한 토끼 형상으로 표현한 것에 비하면 가히 혁명적이었다. 당시 압박에 신음하던 많은 젊은이들이 육당의 지도에 큰 감동을 받고 더욱 높은 독립의지를 가지게 되었다니 실로 위대한 일이었다.

호랑이는 누가 뭐래도 한국을 상징하는 동물이다. 학교, 군대, 기업은 물론 스포츠 등 여러 분야에서 자신의 이름을 대신하거나 마크로 활용하여 이미지를 높이고 있다. 88서울올림픽 때의 깜찍한 호돌이 마스코트는 전 세계인의 사랑을 받았다. 한국 국가대표 축구팀과 명문 고려대학교, 육군 수도 사단과 프로축구단, 야구단 등이 그들만의 역사와 투지와 위용을 자랑하기 위한 상징물로 이용하고 있다. 이들의 역동적인 모습에서 한국인의 기상과 혼이 세계로 미래로 뻗어나가고 있음을 본다.

이처럼 한국을 대표한다고 인정하는 호랑이가 언제부터인지 모르게 한반도에서 사라져 버렸는데 관심 가진 사람은 그리 많지 않은 것 같다. 해방 이후 남한에서 정확하게 보았다는 기록이 아직까지 없으니 안타까운 일이 아닐 수 없다. 일설에 의하면 백두산 근처에 몇 마리 정도 살고 있다 하는데 그것도 추정에 불과한 것 같다. 원래 한반도는 이들이 서식하기에 알맞은 환경을 갖추고 있었기에 한때는 많은 개체 수가 살았지만 일제 강점기 유해동물 박멸 정책에 의한 무차별 포획과 한국전쟁 및 산업화를 거치면서 서식 여건의 변화로 이 땅에서 그 모습을 볼 수 없게 되었다는 것이다.

몇몇 동물학자들의 연구에 의하면 우리 곁을 떠난 한국산 호랑이가 다행히 한반도 북쪽 극동 러시아와 중국 국경 지역인 연해주 부근에

5백여 마리가 살아 있음이 확인되었다. 하지만 이들도 해마다 개체 수가 눈에 띌 정도로 줄어간다니 우리나라도 하루빨리 대책을 세워야 된다고 한다. 한국인의 늠름한 기상과 혼이 함께 줄어들지 않을까 해서다. 일부에서 개체 복원 및 증식을 위하여 DMZ 지역에 입식을 고려해 보았지만 현재의 여건으로는 그 효과를 기대하기 어렵다고 판단되어 시행을 못 하고 있는 실정이다.

러시아는 이미 수십 년 전부터 국가적인 보호정책 시행으로 멸종사태를 막아 이나마 유지되고 있다. 미국을 비롯한 세계 여러 나라의 야생동물 관련 단체나 기업이 극동 아시아 지역에 유일하게 남아 있는 이들을 살려 나가기 위해 많은 활동과 후원을 펼치고 있다고 한다. 정작 자타가 공인하는 호랑이의 나라 대한민국은 관심조차 거의 없다니 부끄러운 일이다.

다행인 것은 〈한국 범 보존기금〉이란 민간단체에서 극동 러시아의 한국 호랑이 야생 개체 수를 되살리기 위하여 노력하고 있다는 것이다. 늦지만 이제 우리도 지원을 아끼지 말아야 할 때가 아닌가 생각된다. 인터넷에서 이 단체를 찾아 십시일반 성금이라도 보내주면 좋겠다. 정부는 물론 동물애호단체와 개인, 기업도 높은 관심을 가지고 후원에 앞장서야 하리라.

범국가적 녹색성장 정책과 더불어 이 땅의 백두대간에서도 그들의 포효 소리가 들리길 기대하여 본다. 그것은 진정 호랑이의 기상을 이어받는다고 자부하는 이 나라의 위신과 체면을 세우는 일이다.

기부 천사

오륙 년 전, 연말을 며칠 앞두고 보도된 미담 몇 토막을 수첩에서 꺼내 다시 읽어본다. 그해 겨울은 유난히도 춥고 길었다. 그래도 세인의 가슴을 훈훈하게 녹여준 사연들이 있어 추위를 달랠 수 있었다.

해마다 연말 무렵이면 거리엔 어김없이 구세군 냄비가 등장한다. 어려운 이웃을 돕기 위한 성금마련을 위하여 한시적으로 펼쳐지는 이 행사에 여느 해와 달리 놀라운 일이 일어났다.

지나는 행인들이 십시일반 성금을 넣는 자선냄비에 일억 원이 넘는 수표 한 장이 들어 있었다고 한다. 입치레하기 바쁘다는 핑계로 평소 불우이웃을 돕는 작은 일에도 인색했던 나에겐 엄청난 충격이 아닐 수 없었다.

그렇게 큰돈을. 조그마한 성금을 내면서 남보라는 듯 자기 이름을 알리려고 하는데 익명으로 기부를 하다니. 이런 것이 바로 참다운 기부일 것이란 생각이 들었다.

구세군이 전하는 또 하나의 따스한 소식. 이번에는 구십 대 노부부가 서울에 있는 구세군본부를 직접 찾아와 거동이 불편한 노인들과 청소년 가장들을 돕는데 써 달라며 일억 원짜리 수표 두 장을 선뜻 내놓았다고 한다.

일반서민으로서는 좀처럼 상상하기 힘든 큰 금액이다. 비서실장이 깜짝 놀라며 성함과 주소와 나이를 물었지만 다 쓸데없다며 나이만 가르쳐 주었다.

이 돈을 거리의 자선냄비에 넣지 않은 이유는 자식들에게 재산 대신 구세군의 감사편지를 물려주고 싶기 때문이라고 했다. 구세군은 즉석에서 감사편지를 써 드렸고 편지를 받아든 노부부는 '오늘 밤은 다리 쭉 펴고 잘 수 있을 것 같다.' 는 말을 남기며 기쁜 얼굴로 돌아갔다고 한다.

이번에는 전주의 기부천사 이야기다. 해마다 성탄절을 전후하여 익명의 자선 기부를 시작한 지 벌써 열두 번째. 그것도 적지 않은 돈을 동사무소 옆에 놓아두지만 아직도 그 사람이 누구인지는 아무도 모른다. 이제는 동사무소에서도 그분을 굳이 알려고 하지 않는다. 얼굴을 알게 되면 기부천사가 아니며 선행을 베푼 이에게 도리어 누가 될지도 모르기 때문이다.

그분은 용하게도 무인카메라가 없는 곳에만 돈 상자를 놓아둔다. 전화도 항상 발신자표시를 제한시켜 놓고 돈을 놓아준 장소만 알려 준다. 이번에도 직원들이 전화를 받고 달려가 보니 자그마한 상자 안에 현금뭉치와 돼지저금통이 들어 있었다. 상자 안의 돈은 모두 오천만 원이 약간 넘은 액수이지만 불우이웃을 도우려는 그 정성과 행동은 과히 어느 누구도 따를 수 없는 모범사례라 하지 않을 수 없다. 전주시는 이분의 선행을 기려 주민 센터 옆 화단에 '얼굴 없는 천사' 비를 세웠다고 한다. 비문에는 '얼굴 없는 천사여. 당신은 어둠 속의 촛불처럼 세상을 밝고 아름답게 만드는 참 사람입니다.' 라고 새겨 있다.

누군들 자기 재산이 아깝지 않은 사람이 어디 있으랴. 거리의 자선 냄비에 일억 원을 넣은 익명의 기부자, 평생 모은 재산을 어떻게 쓸까 고민하다 불우한 이웃을 위하여 흔쾌히 희사를 결심한 노부부, 해마다 적지 않은 돈을 열두 번이나 익명으로 기부한 전주 기부천사의 특별한 선행은 얼어붙은 우리의 마음을 녹여준다.

돈과 관련된 온갖 비리가 난무하는 어지러운 세상에 이처럼 아름다운 기부를 하는 사람들이 있기에 역시 세상은 살맛이 나는 게 아닐까.

기부란 반드시 가진 자만이 하는 게 아닌 줄 알면서도 이제껏 나보다 불우한 이웃을 위하여 적은 돈이라도 선뜻 내어보지 못했음은 베풂을 실천하는 일이 몸에 배이지 않았기 때문이다.

사흘이 멀다시피 찾아드는 장애인 고학생 잡상인 등에게 소액지폐 몇 장이면 흡족해할 것을 이런저런 핑계를 대며 그냥 돌려보내는 일이 다반사였다. 자신의 인색은 뒤로한 채 오히려 가진 자들이 더 많은 돈을 사회에 환원하지 않는다고 불만을 토하기만 했다.

오늘도 힘든 삶을 살아가고 있는 독거노인 장애인 청소년 가장 등 우리 주변의 수많은 불우이웃들이 좀 더 나은 삶을 살아갈 수 있도록 더 많은 기부천사들이 계속 태어나면 좋겠다.

이제라도 불우이웃이 방문하면 편한 마음으로 작은 성의라도 베풀어야 하겠다는 다짐을 해본다.

족 보

내가 선대의 내력에 관심을 갖게 된 것은 이십여 년 전부터였다.

당시 중학교에 다니던 조카로부터 우리 집안의 시조는 누구이며 본관은 어디이고 파는 무엇인지 알려 달라는 전화 때문이었다. 그것은 너의 아버지께 물어도 될 것인데 왜 굳이 나에게 묻느냐고 말하면서 약간 부담스런 마음으로 알려 주었다.

대답을 듣자마자 본관과 파는 어떻게 하여 생겨났으며 몇 세손世孫인지 묻는다. 거기까지는 대충 알고 있는 것이라 넘어갔는데 다음 질문이 문제였다. 현재 우리가 살고 있는 이곳에 정착하게 된 선대의 할아버지는 누구이며 자기로부터 몇 대조 할아버지가 되는지 묻는 게 아닌가.

전혀 대비하지 못한 부분이라 제대로 답할 수 없기에 머리를 크게 한 방 얻어맞은 것처럼 멍해졌다. 그것만이 아니다. 항렬行列은 무엇이며 왜 그런 항렬자를 써야 하는지도 물었다. 집안 어른들께서 모두 돌아 가신 데다 이 분야에 제대로 알고 있는 분이 없으며 들어본 적도 없다. 나 역시 자식들에게 선대의 내력을 한 번도 말하지 않았으니 황당할 수밖에. 그때까지만 해도 함자銜字와 휘자諱字의 뜻도 제대로 모르는데다 대수代數와 세손의 구별조차 못하고 있었으니 집안 내력에 대하여 무지한 것이나 다를 바 없었다. 평소에 알아두지 못한 것이 후회스러웠다. 기대를 걸고 물어왔는데 모른다고 말하려니 나의 위신과 체면이 말이 아닐 것 같고 적당히 얼버무려 답을 할 수도 없어 나중에 족보를 보고 알려주겠다며 전화를 끊었다.

삼십여 년 전에 발간된 족보를 펼쳤다. 상하 두 권에 내용이 모두 한자로 되어 있으니 필요한 부분을 찾기도 쉽지 않았다, 평소엔 거의 펴 보지 않았으니 어느 면에 직계의 내력이 나와 있는지도 제대로 모르고 있었다.

겨우 해당란을 찾아 꼼꼼히 짚어가며 입향조의 이름과 대수를 밝혀내고 항렬자도 어느 정도 알게 되었다. 조카에게 전화를 걸어 파악된 내용을 나름대로 설명하였더니 흡족해 하였다. 마치 힘들여 큰일을 해낸 듯 진땀을 흘렸다. 이를 계기로 집안의 족보를 증보 편찬하는데 앞장섰으며 내용도 한글 병기와 서력 연대로 바꾸고 여자도 모두 등재하여 누구나 알아볼 수 있는 현 시대에 맞게 획기적으로 변화를 시킨 계기가 되었다.

족보는 아주 오래전부터 명성 있는 가문에서 대대로 가계의 질서를 유지하고 올곧은 가풍을 이어가려는 사상이 높아지면서 시작되었다고 한다. 중국에서는 한漢나라 때부터 시작되었으며 우리나라에서는 고려시대에 왕실의 계통을 기록한 것으로부터 출발하여 점차 일반가문으로 퍼졌다고 전해진다.

유교를 국시로 삼은 조선시대에는 왕실이 족벌정치의 국가형태를 취하였으므로 혈통의 기록을 남기지 않을 수 없었다. 또한 반상의 신분 차이를 뚜렷이 구분하였기 때문에 명문세가 일수록 사회적 행세를 누리기 위하여 족보를 편찬하였다. 당시 상민의 집안은 이것이 없으면 관리로 등용되지 못하는 차별대우를 받기도 하여 편찬을 서둘렀으며 여기에 이름을 올리고자 온갖 뇌물을 바치기도 하였다는 웃지 못할 이야기도 더러 있다.

일제강점기 시대는 외세의 지배를 받았기 때문에 동족결합이나 씨족에 대한 사상이 매우 높아지면서 족보의 발행이 아주 성행 하였다. 어느 가문에서건 씨족관념이 강화되었고 선대의 업적과 뿌리를 찾아 후세에 전하기 위하여 유행처럼 앞다투어 발간을 서둘렀다. 그 시대, 수년간에 걸쳐 우리나라에서 발행되는 각종 출판물 중 양과 질에서 최고 우위를 점하였다니 이에 대한 가치나 효용을 되돌아보게 한다.

근세에 들어와 이것의 중요성을 설명하고 있는 어느 책에서 족보는 '조상의 영육이 집약된 일가의 혈통사요, 일족의 전모를 밝히는 명세서인 동시에 민족사를 세분한 한국의 정사正史다'라고 정의를 내리고 있다. 단순히 한 가문의 역대인물의 이름만 기록한 명부가 아닌 일족의 역사를 체계적으로 기록한 귀중한 역사서라 할 수 있다. 어찌 보면 조선 왕조의 일대기를 자세히 기록한 조선왕조실록 역시 족보의 한 종류일 것 같다는 생각이 든다.

글로벌시대, 다문화 세대가 급속도로 늘어가는 오늘날, 이것에 대한 가치나 의미를 말하는 것은 한갓 낡은 시대의 폐습으로 치부 할 수 있다. 하지만 우리나라를 포함하여 전 세계 어느 나라 할 것 없이 유명한 인물을 배출한 가계는 빠짐없이 혈통을 찾고 행적을 반드시 기록하여 후세에 전하고 있다.

시대 변천에 따라 새로운 분파세대가 생겨날 수밖에 없고 국적을 초월한 혼인으로 다문화 가정 역시 늘어나게 마련이다. 아무리 그렇다 해도 출신지나 족벌을 따지는 것이 아닌, 나의 조상은 누구이며 나는 어디로부터 왔는지 뿌리를 찾고 선대의 내력을 기록으로 남겨 전해야 함은 인간으로 태어난 이상 꼭 실행할 근본이리라.

학교에서 국사나 세계사를 배우기 전에 내 가문의 뿌리와 역사를 먼저 가르치는 것이 부모의 도리가 아닐까. 족보는 고리타분한 고서가 아니라 한 가정의 과거와 현재 그리고 미래를 이어주는 네트워크북이란 말이 마음에 와 닿는다. '우리가 물이라면 새암이 있고 우리가 나무라면 뿌리가 있다'는 개천절 노래의 의미를 새삼 깨닫게 한다.

새로 갖게 된 취미

인생 노년기에 접어들면 다섯 가지 부자가 되어야 한다는 말이 있다. 돈과 시간, 친구와 취미, 건강을 넉넉하게 지녀야 행복한 노후를 지낼 수 있음을 뜻한다.

이 가운데 나는 아직 한 가지도 제대로 갖추지 못하였으니 인생을 올바르게 살아왔다고 할 수 없다. 돈은 애초부터 거리가 멀었고 늘 시간에 쫓기어 하루가 어떻게 지나가는지 모를 정도로 바쁘기만 하다. 친구도 마찬가지다. 과연 내가 어렵고 힘들 때 진정으로 도움받을 수 있는 친구가 몇이냐고 묻는다면 뚜렷이 답하기 어렵다.

취미 역시 그렇다. 주변에는 고상한 취미를 가지고 노후를 즐겁게 보내는 이도 많은데 겨우 독서나 여행 정도이다. 건강은 더 말할 나위조차 없다. 암 두 가지를 포함하여 크고 작은 수술을 여섯 번이나 받았으니 두말하기 부끄럽다. 오늘까지 살아 있음이 그저 행운이요 축복이다.

이 나이 즈음하여 가져야 할 다섯 가지 중 스스로 노력하여 취할 수 있는 것은 아무리 봐도 네 번째인 취미뿐이다. 한동안 남들이 흔히 하지 않은 새로운 소일거리를 찾아보고자 여기저기 기웃거려 보았지만 별다른 것이 눈에 띄지 않았다. 모두 돈과 시간, 노력이 따라야만 해낼 수 있는 것들이다. 세 가지 투자 없이 고상하게 즐길 수 있는 취미는 어디에도 보이지 않았다. 그러던 중 기회가 왔다.

삼 년 전 봄이다. 마침 문화원에서 운영하는 문화학교에 시조창반이 개설되었음을 알고 호기심이 발동하였다. 이제껏 접해보지 못한 낯 설은 분야이지만 일주일에 두 시간씩 삼 개월 과정을 마치게 되므로 시간만 조금 할애하면 금시 무엇이 될 것 같다는 생각에 등록하였다.

시조창(時調唱)은 시조(時調)에 곡을 붙여 부르는 노래이다. 고려 중기부터 조선시대를 거쳐 오늘날까지 이어 내려오는 국악의 한 분야로 주로 선비들이 지은 시(조)에 자신 또는 제삼자가 가락을 입혀 부른다. 옛 시대엔 민요와 더불어 시절의 애환이 담긴 노래로 널리 불러졌다지만 근세에 들어오면서 대중가요에 밀려 점차 사라져 가는 음악이 되었다. 하지만 누군가는 반드시 지키고 이어가야 할 우리 고유의 중요한 전통문화 중 하나다.

입문하여 맨 처음 배우기 시작한 노래는 한산도가(閑山島歌)이다. 충무공 이순신 장군께서 달밤에 풍전등화 같은 나라를 근심걱정하며 제승당의 수루(戍樓)에 홀로 앉아 읊은 시조를 창(唱)으로 부르게 된 노래다.

크게 힘들이지 않고 해낼 수 있으리란 생각에 선생님이 가르쳐 주는 대로 막상 따라 불러보지만 도무지 율여(律呂)와 음정을 맞출 수 없다. 누구나 보기 쉽다고 하는 악보와 기초용어조차 아무리 설명해줘도 좀체 이해가 되지 않는다.

날이 갈수록 노래는 도무지 체질에 맞지 않는다는 생각이 들었다. 타고 난 음치에다 초등학교 때부터 음악에 대한 기초상식을 전혀 갖추지 못한 때문 일까. 그렇다 해도 이렇게까지 음색이 좋지 않고 음악성이 없을 줄은 몰랐다.

'서당 개 삼 년이면 풍월을 읊는다.' 는 말도 있는데 삼수를 하면서도 아직 맨 처음 배우는 한산도가 하나로 씨름하고 있으니 한심하기 그지없다. 그래도 몇 번이나 마음먹었던 중도 포기를 하지 않음은 내 몸속에 시조창을 즐겨 부르던 선비들의 피가 한모 금이라도 흐르고 있기 때문인지. 아니면 옳 곧은 선비정신의 인자가 조금이나마 배여 있기 때문일까.

새로운 취미하나 쉽게 얻으리란 욕심으로 발을 대긴 했지만 진도는 나가지 않고 그렇다고 이제 와서 포기도 할 수도 없으니 어쩌랴.

지난 시간이 아까워 다시 생각하여 본다. 어디 세상만사 육체적 물질적 시간적 투자 없이 이루어지는 게 있던가. 뒤돌아보니 일주일에 한 번 그것도 두 시간 남짓 시간만 때웠지 집으로 돌아오면 다른 일 한다고 덮어 두기만 하지 않았던가. 어디 한번 목청 높여 소리 내어 부르며 제대로 복습한 적 있었던가. 자신의 노력이 부족함을 잊은 채 본래 곱지 못한 목소리를 타고나서 그렇다며 오히려 부모님을 원망하였다.

앞으로 남은 세월 몇 년이 될지 모르지만 시조창을 놓지 않으련다. 한산도가 하나를 가지고 언제까지 씨름해도 좋다. 충무공 이순신 장군께서 나의 고향 한산도에서 직접 작사하신 우국충정의 혼이 서린 노래이기에 생을 다하는 그 날까지 그저 부르고 또 부를 것이다.

모처럼 새로 갖게 된 취미하나 늦둥이 얻은 듯 정 들이며 보살펴 나가야지.

누가 뭐래도 욕심내지 않고 즐길 수 있다면 그게 바로 제대로 된 취미하나 가진 게 아닌가.

걸어온 인생길 ·1

1963년 3월, 고등학교를 어렵게 졸업하였으나 취업이 되지 않았다. 보릿고개를 앞두고 끼니 해결조차 어려울 때이었다. 섬에서의 하루하루는 철창 속 죄인처럼 가슴을 조여 왔다.

군에 입대하려면 일 년 반 정도를 기다려야 했기에 생활고를 탈피하기 위하여 무슨 일이라도 하지 않으면 안 되었다. 고심 끝에 동네 청장년들 대부분이 칠월부터 다음 해 삼월까지 아홉 달 동안 멸치잡이 배 선원으로 일하여 생활비를 벌기에 함께 나설 수밖에 없었다. 단돈 얼마라도 벌기 위하여 최말단 선원이 되었다.

주변에선 '고등학교까지 졸업하였으면서 멸치 배 화장(火匠-식사 당번)을 하다니' 하는 조롱도 있었지만, 호구지책(糊口之策)을 면하기 위하여 당장 선택할 수 있는 유일한 방법은 그 길밖에 없었다. 일반 선원과 함께 억센 그물을 당기고 제때에 식사를 마련해야 하며 일몰 후 해안에 정박하면 우물을 찾아 물도 길어 날라야 했으니 그 고생을 어찌

말로 다하랴. 그때 오른쪽 새끼손가락에 박힌 피멍자국은 오늘날까지 깊숙이 파여 큰 흉터로 남아있다.

1965년 3월, 육군에 입대하여, 만 삼십 개월 복무하고 1967년 9월 만기전역 하였다. 육군 창원훈련소를 졸업한 후 김해 공병학교와 춘천의 제삼 보충대를 거쳐 최종 배치된 곳은 강원도 인제군 남면에 위치한 제1106 야전공병단본부 군수과 보급계이었다. 전입신고를 하고 보니 참으로 막막하였다. 매일 확 트인 바다만 바라보다 어디 한 곳도 환하게 트이지 않은 높은 산들만 사방을 가로막고 있으니 하늘조차 너무 작아 보였다.

야간 근무 시는 무서움에 오금이 저리고 머리끝이 하늘로 치솟았다. 군 생활 어느 것 하나 힘들지 않은 것 없지만 그래도 여기서 담력을 키우고 꿈을 키웠다. 주어진 임무에 최선을 다하다 보니 입대 25개월에 일반 하사로 진급하였다. 남은 복무기간 다섯 달은 조금 여유로운 마음으로 제대 후의 취업을 위하여 최대한 공부에 열중하였다.

기회는 기다리는 사람에게 온다던가. 제대를 한 달가량 앞두고 중앙일간지의 광고를 읽고 해군본부에서 실시한 해군군무원 재정직 4급(현6급) 공채에 응시하여 일백여 명의 경쟁자를 물리치고 유일하게 합격하였다.

1967년 9월, 드디어 제대와 취업확정 이라는 두 마리 토끼를 잡은 기분으로 귀향 열차에 올랐다. 운 좋게도 김신조 일당이 청와대를 습격하기 네 달 전이었기에 연장 복무를 하지 않고 제대하였으니 얼마나 다행이었던지.

1967년 11월, 진해 해군교재창에서 직장생활의 첫발을 내디디게 되었다. 보직은 기획과 원가계산 담당이었다. 약관의 나이 스물네 살에 계장급 직무를 바로 담당하게 되었으니 120여 명의 선배 직장 군무원들이 놀라워했다. 또한 입사 삼 년 만에 4급 갑으로 승진하여 사무관급 대 여 섯 분을 제외하면 아버지뻘 되는 노장들과 동일직급이 되었으니 주변의 부러움을 사기도 하였다. 하지만 당시의 월급은 일 만원이 겨우 넘는 정도이었으니 객지 생활엔 턱없이 부족한 실정이었다.

직장에 충실하면서도 좀 더 많은 급여를 받을 수 있는 직장으로 옮기려는 생각에 틈틈이 공부하였다. 기회가 닿는 대로 몇 군데 유명기업의 공채에 응시하였다. 포항제철과 한일합섬의 경리직 채용시험에 응시하여 높은 경쟁률을 뚫고 필기시험엔 합격하였으나 최종면접 시험에 불합격하여 아쉬움이 컸다. 연합철강 공채엔 최종합격하여 실무수습까지 마쳤으나 현장 적응이 어려워 자퇴하여 군무원으로 계속 근무하였다.

해군군무원 근무 여덟 해 동안 몇 가지 중요한일을 빼놓을 수 없다. 나이 서른이 찰 무렵 결혼을 하였고 첫 딸 연주가 출생하였다. 1972년 정규대학을 못 밟은 한을 풀고자 정부에서 설립한 한국방송통신대학의 경영학과에 첫해 입학생으로 등록하였다. 그해 여름, 보름간의 휴가를 받아 부산대학교에서 하계 출석 수업을 받았다. 해당학과 전문 교수님들의 강의를 받으면서 나도 이제 대학생이 되었구나 생각하며 주야로 공부에 몰입하였다. 동절기에도 학생들의 방학 기간을 이용하여 보름간 출석 수업을 받아야 하므로 일 년에 한 달간의 출석 수업은 직장에 지장을 초래하여 부담감이 매우 컸다. 그 때문에 더 충실하게 근무하지 않을 수 없었다.

1969년, 해군교재창 직장 내에 인쇄기능공 양성을 위한 공공직업훈련소를 설치하여 직업훈련소의 기획업무와 교양과목 담당교사로 활동하였다. 관련 업무수행 이듬해인 1970년 12월 그 공로를 인정받아 노동청장 공로 표창을 수상하였다. 퇴근 후에는 일본어 학원에서 일 년여 일본어를 수강하여 기초회화 정도는 할 수 있는 수준이 되었으며 태권도장에서 태권도도 열심히 수련하여 초 단증 소유자가 되었다.

1974년 7월, 생에 두 번째 직장인 농협으로 전직 하였다. 그해 유월. 지인으로부터 농협중앙회의 신규직원 채용 고시 안내서를 전달받고 밤샘 고민 끝에 응시를 결심하였다. 급여는 작지만 안정된 국가직 공무원에 누구보다 빠른 승진으로 삼십 대 초반에 사무관으로 승진할 수 있는 기회를 눈앞에 두고 있는데…, 이미 나이 서른한 살인데 만약 떨어지기라도 하면 다시 직장을 잡기 어려운 나이인데…. 오만가지 생각으로 잠을 이룰 수 없었다. 결국, 고교 시절 장래희망은 상고 출신자로서 금융인이 되는 게 꿈이 아니었던가에 귀착되었다. 졸업직전 금융기관 직원채용고시에 불합격했던 서운함을 이제라도 보상받아야 하겠다며 결심을 굳혔다.

꿈은 이루어진다고 했던가. 부산에서 도 단위 지역경쟁자들과 함께 응시, 끝내 합격하여 연고지인 통영군농업협동조합으로 발령받아 1974년 7월부터 1982년 2월 말까지 약 여덟 해를 근무하였다.

1975년 한국방송통신대학을 졸업하였다. 직장 이전 관계로 한해를 휴학하여 삼 년 만에 졸업하게 되었다. 이 해에 둘째 딸 은주(유주)가 태어나고 삼 년 뒤 아들 성훈이 태어났다. 농협 초임 시절의 생활은 본 수필집 제4부 『아프니까 인생이다』에서 일부 소개 하였기에 생략 한다.

1981년 봄, 농협 입사 칠 년 만에 처음으로 중앙회 상무 승진 고시에 응시하였으나 실패하였다. 시험과목은 농협론, 농협법, 농협실무, 회계학, 경영학 다섯 과목이었다. 농협론과 농협법은 각 50점 만점에 46점과 44점을 받았으며 나머지 세 과목은 각100점 만점에 회계학은 92점을 받았으나 농협실무와 선택과목인 경영학은 60점을 밑도는 낮은 점수를 받았기 때문에 합격하지 못하였다.

다음 해에 도전하면 가능성이 없지도 않았지만 그해 11월 회원(단위)조합 상무 승진시험이 있을 예정이고 1982년부터 한국방송통신대학이 2년제 전문대학에서 5년제 학사과정으로 개편된다는 발표가 있어 나이 한 살이라도 더 먹기 전에 대학공부를 하는 것이 우선이라 생각하고 중앙회 상무 승진시험은 아깝지만 당분간 보류하기로 하였다.

어느 덧 나이 마흔에 이르렀고 만약 상무승진시험에 합격 되더라도 동년배들 보다 이미 십 년 이상 늦어 있다. 상무 다음의 차 상위급 승진 역시 대기자들이 열을 서 있기에 불가할 정도의 연령대에 접어들었음도 고려하지 않을 수 없었다. 그러다 생각해 낸 것이 '용꼬리보다 닭 벼슬이 났다'는 말이 떠올라 회원(단위)조합 책임자로 진출하는 것이 어떨까 하는 것이었다.

1981년도 연말경 중앙회에서 회원조합 상무승진 고시를 시행하기에 응시하여 합격하였다. 당시 지역농협의 급진적인 발전에 따른 책임자 수요를 충당하기 위하여 중앙회 직원도 소정의 자격을 갖춘 자에 한

하여 응시자격을 부여한 일시적인 조치이었다.

이왕 농협에 발을 대었으니 일선농협으로 나가 농민소득증대와 농촌발전에 조금이나마 기여할 수 있다면 그게 바로 보람이요 농협의 기본목표가 아닌가. 비록 현재보다 보수가 적고 경영여건이 매우 어렵지만, 그동안 쌓아온 지식과 경험을 바탕으로 현장에서 농민조합원과 직접 몸으로 부딪치며 최선의 노력을 한다면 경영개선도 이룰 수 있다는 자신감도 생겨났다.

1982년 3월 1일, 회원농협 상무 승진과 동시 통영군 농협관내 산양단위농협 상무로 발령 났다. 일선농협의 책임자로서 무거운 책임을 안고 첫 근무가 시작되었다. 또한 한국방송통신대학이 2년제 전문대학에서 5년제 학사과정 대학교로 학제개편이 되어 3학년에 편입하였다. 또다시 주경야독의 길을 들어서기도 하였다.

산양농협 상무를 시작으로 이후 충무(통영)농협, 한산농협, 도산농협, 광도농협으로 차례로 근무하면서 일선농협의 책임자로서 숱한 어려움을 겪으면서 어떻게 하는 것이 농민과 농촌, 농협을 위하는 것인지 스스로 배우며 익혀 나갔다.

1985년 2월, 한산농협 재직 중에 한국방송통신대학교를 졸업하였다. 서울시립대학 운동장에서 학사모를 쓰고 졸업식을 하는 순간 얼마나 감격스러웠는지 눈물이 어리었다. 대학교 총장과 문교부 장관의 〈경영학사〉라고 낙관이 찍힌 졸업장을 받아 쥐며 드디어 나도 당당히 대학교 졸업생이 되었다며 학사모를 공중으로 높이 던져 올렸다.

광도농협 근무 시절 잊을 수 없는 몇 가지 일이 있다. 1988년 말

식량 증산 유공자로 농수산부 장관 표창을 수상하였으며 그 이듬해인 1989년 3월 3일자로 상무승진 일곱 해 만에 전무로 승진하였다. 서른한 살의 늦깎이로 입사하여 전무직까지 오르는 데 15년이 걸렸다. 중앙회 직원으로 남아있었다면 절대로 이룰 수 없는 초고속 승진이었다. 농촌과 농민 농협을 위하여 그만큼 열정을 쏟았기에 가능했을 것이라 감히 말하여 본다.

또 하나는 1989년 8월, 서피랑 동쪽 언덕 골목길에 있는 단독주택을 구입하여 그토록 원하던 내 집 장만의 꿈을 이룬 일이다. 편리한 주거환경을 갖춘 새 아파트가 넘쳐나지만, 아직도 미련을 버리지 못하고 서른 해 동안 살고 있다. 그리고 1990년 7월 17일(음력 윤오월 이십오일) 어머니께서 예순일곱의 나이로 세상을 떠나셨다. 광도 농협은 기쁨과 슬픔이 교차한 근무지이었다.

1991년 3월 1일, 산양농협으로 전출되었으며 그 이듬해인 1992년 2월 경남대학교 경영대학원 최고경영자과정을 수료하였다. 만8년 만에 다시 부임하게 된 산양농협은 상무승진 첫 발령지로 감회가 새로웠으며 만 5년 동안 장기 근무하였다.

이곳에 근무하는 동안 크고 작은 사고가 유달리 자주 일어났다. 사무소 경영책임자의 문제해결 능력을 시험이라도 하는 듯 시련의 연속이었지만 혼신의 힘을 기우려 모두 원만히 해결하였다. 사건 해결사란 말을 들을 정도로 직원들에게 미루지 않고 직접 나서 부딪혔다

그중에서도 LPG 가스 폭발사고, 직원의 퇴근길 자가용 운전 부주의로 인한 인명피해사고, 운전기사의 타지경찰순찰차 충돌사고, 구판매품 운송도중 차량접촉에 의한 직원의 중상사고, 축양 어사료 부패

사고 등은 쉽게 해결할 수 없는 정말 어렵고 힘든 일이었다. 그래도 발 벗고 나서 상대방을 설득하고 양해를 구하여 모두 원만히 해결하였다.

또 하나 잊을 수 없는 일은 일 년 전 추곡수매 현장에 나아가 출하 조합원의 벼 가마니를 나르다 허리를 다친 것이 화근이 되었다. 날이 갈수록 견디다 못하여 1994년 10월부터 부산 우리들 병원에서 수술을 받았으나 잘못되어 한 달 넘게 입원하였다. 상당한 액수의 치료비가 부과되었으나 다행히 업무상 재해로 인정받아 부담을 덜기도 하였으나 사무실에는 한 달여 업무 공백을 초래하여 직장에 미안한 마음을 금할 수 없었다.

업무적인 어려움이 계속 연이어지기도 하였지만 자신을 위한 실력 향상에도 게을리하지 않았다. 틈틈이 일본어를 학습하여 1994년 2월 〈일본국제교류기금〉에서 실시한 일본어 능력 시험 3급에 합격하였으며 1996년 수향수필문학회 회원으로 가입하고 그해 12월에 발행된 『수향수필 제23집』에 난생처음으로 수필 「쌀 개방 단상」 외 2편을 발표하였다.

1996년 2월, 도산농협으로 전출되어 근무하던 중 1급 전무로 승진하였다. 직원으로 오를 수 있는 최고의 직급까지 올랐으니 영광이 아닐 수 없었다. 여기까지 올 수 있었음은 스스로 가시밭길을 헤치며 숱한 역경을 이겨내기도 하였지만, 직원들이 열심히 업무를 추진하고 조합원과 조합장 그리고 주변 많은 분의 도움과 배려가 있었기에 가능하였다.

1998년 3월 19일 통영농협으로 전출되었다. 마지막 근무처가 된 통영농협은 부임하는 첫날부터 2002년 말 정년퇴직을 하던 최종일까지 단 하루도 편안한 날이 없을 정도로 고통의 연속이었다.

부임 한 달 전에 치러진 조합장 선거에서 17년간 재임한 현직조합장을 부하직원으로 근무했던 후보가 18표의 근소한 표 차로 누르고 당선되었다. 지각 변동이 일어나지 않을 수 없었다. 선거 결과를 두고 전직조합장이 현직조합장을 상대로 '조합원자격상실 결의 유효소송'과 '조합장직무집행가처분신청' 소송을, 현직조합장은 이에 대응하여 반대소송을, 각각 두 가지씩 모두 네 가지 소송이 동시에 진행되었다. 선거 관련 소송은 당해 연도 9월, 현직조합장의 승리로 종결되었지만 민심은 극심하게 양쪽으로 갈라섰고 그 후유증은 실무책임자인 본인에게 엄청난 시련과 아픔을 가져다주었다.

선거소송이 종결되자 골치 아픈 사건들이 다시 연속적으로 터졌다. 전직 조합장 퇴직금 과다청구 문제, 조합보유 다섯 가지 기금(장학기금, 재해환원기금, 유통손실기금, 유공자 예우기금, 해외연수기금, 총 9억 원 여)에 대한 검찰수사, 기금적립 관련 부산지방 국세청 특별 세무조사, 앞의 여러 사건들과 관련된 언론 보도, 이러한 일련의 사건에 따른 농협중앙회의 특별감사, 봉평지점 대지소송 사건, 욕지농협과의 합병, IMF로 인한 경영 순이익 0, 조합소유 화물선 전복사고, 새로운 BIS 기준적용에 따른 대손충당금 소요액증대, 농협 최초희망퇴직자 처리 등 너무도 해결하기 어려운 큰 사건들이 꼬리를 물고 일어났다.

조합원과 조합발전을 위한 업무는 뒤로 한 채 머리를 싸매고 사건사고의 해결에 몰두하여야만 하였다. 문제해결을 위하여 이리 뛰고 저리 뛰는 사이에 나에게도 여덟 가지 부정 혐의를 씌운 음해성 투서가 검찰에 접수되었다. 전직 조합장을 지지하는 측에서 소송에 패하자 사무소 전무인 본인이 현직조합장을 적극적으로 도왔기 때문이라 여겨 함정으로 몰아넣은 셈이었다. 아침 아홉 시에 통영검찰청에 불시 소환되어 밤 열한 시까지 화장실 가는 시간 외는 꼼작도 하지 못한 채 강도 높은 수사를 받았다. 그다음 날도 두 시간 동안 수사를 받았으며 한 달여 탐문 수사도 실시하였다고 들었다.

본건 수사는 삼 개월 만에 전건 무혐의처리 종결되었다. 수사를 마무리하는 자리에 마주 앉은 수사관께서 무혐의로 명예에 손상을 입었으니 고발자들을 어떻게 할 거냐는 물음에 아무런 처리도 원하지 않는다고 답하였다. 그제 서야 태도가 바뀌며 부드러운 인상으로 나에게 차를 한잔 권하면서 처음부터 뭔가 한 가지라도 집어내려 기대하였지만 하나도 찾아내지 못하였다며 유사한 사건을 수없이 다루었지만 전무님만큼 청렴한 공직자는 드물었다는 말을 하였다.

순간, 이제 와서 전혀 뜻밖의 제삼자로부터 제대로 된 평가 한번 받는다는 생각과 함께 '하늘은 스스로 돕는 자를 돕는다'라는 말이 떠올랐다.

급여생활자로서 마지막 직장근무를 한 통영농협에서의 5년간 생활은 고달픔과 시련의 연속이었지만 무심한 세월은 멈추지 않고 흘러 어느새 정년에 이르렀다.

2002년 12월 21일, 농협 직영 결혼식장에서 많은 사람들의 축하와 격려 속에 화려하게 퇴임식을 거행하였다. 농협 근무 28년과 해군군무원 생활을 합쳐 총 35년간의 직장생활에 종지부를 찍었다.

농협 근무 기간 중 기록으로 남겨야 할 이야기는 너무도 많다. 그중에서도 일선농협 책임자로 근무한 약 20년의 세월은 시련과 도전의 연속이었으며 자신의 인생 성장과 더불어 육체와 정신의 면역력을 키우는 기간이기도 하였다. 동시에 사회적응의 면역력도 키워 앞으로 어떤 어려움이 닥쳐도 당당하게 헤쳐나가고 이겨 낼 수 있는 능력과 경험을 축적하는 기간이기도 하였다.

초창기 일선농협의 연도 말 결산의 어려움, 한산농협의 종합청사 신축과 선착장축조, 한농호 선박건조, 통영농협의 본점준공과 공판장 개장, 조합공판장 개설에 따른 기존 사설공판장과의 대립문제, 도산농협 사무소 주변의 토지정리와 고구마 줄기 판매사업, 광도농협 종합청사준공과 안정지점신축 등 헤아릴 수 없을 정도 많다.

여기서 못다 한 이야기는 다음 기회로 미룰 수밖에 없다. 오늘날까지 생존하고 있는 회원조합 모두는 참으로 어려운 난관을 헤쳐 나왔기에 어느 정도 자립 경영의 기틀을 마련하였다. 하지만 규모경영의 효율성으로 조합의 균형발전과 단단한 경영기반조성을 위하여 지역 여건을 감안한 합병추진 등이 고려되어야 할 것으로 여겨진다.

주어진 업무마다 최선을 다하였으니 아쉬움도 후회도 없다. 오로지 청춘을 바쳐 열정 하나로 일하였기에 아름다운 추억으로 남아 있을 뿐이다. 오늘 이와 같은 글을 쓸 수 있음도 어려운 시절을 극복한 면역력이 몸속 깊숙이 배어있기 때문일 것이다.

지금까지 나를 여기까지 올 수 있도록 만들어 준 우리 가족들과 도와준 모든 분들께 감사드린다.

걸어온 인생길 ·2

2003년 10월 7일, 직장에서 정년퇴직 한 지 열 달 째 〈참나라건강원〉이란 간판을 걸고 자영업에 뛰어들었다. 어쩔 수 없는 생계형 창업이었으며 인생 제2라운드의 시험대이기도 하였다.

열네 해 동안의 건강원 운영은 나름의 성공적 경영으로 생활에 큰 도움을 가져다주었다. 그것은 양심적 운영으로 고객들로부터 신뢰를 쌓았기 때문이었다. 하지만 혼자서 이리 뛰고 저리 뛰어야 했기에 육체적 정신적으로 무척이나 힘들어 몸은 자신도 모르는 사이 건강 악화의 길로 빠져들고 있었다.

개업 삼 년 만에 지역 동종업계 점주들의 요청으로 건강원협회(한국추출가공식품업 중앙회 통영지부장)회장으로 선임되었다. 당시 통영 시내엔 칠십 여개의 건강원 점포가 영업을 계속하고 있었으며 그중 절반은 협회에 가입하지 않은 비회원이었다.

경험은 일천하지만 업계의 대표자로서 회원 상호 간의 화합도모와

정보공유, 그리고 비회원의 영입에 앞장섰다. 상생경영에 조금이라도 도움을 주고자 일부 자재를 공동구매하고 환원 사업을 실시하여 호평을 받기도 하였다. 두 해 동안의 회장직무를 수행하는 동안 한국추출식품가공업 중앙회장과 경남도지회장의 표창을 수상하였으며 임기를 마칠 때는 전회원의 이름으로 감사패를 받았다.

농협에서 정년퇴직을 한 그날부터 건강원을 폐업한 2017년 말까지의 열다섯 해 동안은 나의 인생에 있어 가정과 직업과 지역사회를 위하여 열정을 쏟아낸 절정의 황금기이었다. 또한 생업과 사회활동의 두 가지 짐을 지고 힘겹게 걸어 나온 고난의 행군 길이었다고 할 수도 있다.

다른 면으로 보면 영광과 슬픔, 보람과 아픔이 점철된 기간이기도 하였다. 부딪혀 뒹굴어도 몽돌처럼 속을 여미며 남의 탓하지 않고 오로지 자신의 갈 길을 후회 없이 걸었다. 뒤돌아보니 길지도 짧지도 않은 십오 년 동안 실로 너무 많은 일이 일어났다.

그중 기억나는 일들 일부를 차례로 나열해 본다. 우선 세 자녀 중 막내인 아들과 둘째 딸이 결혼하였으며 아버지와 바로 밑의 여동생이 세상을 떠났다. 아내는 당뇨합병증으로 더 이상 가정에서의 생활이 힘들어 자녀들의 합의에 의해 장기요양의 길을 선택하였다.

큰딸 자녀를 포함하여 친손자와 손녀, 외손자와 외손녀 둘을 합쳐 다섯 명이 무럭무럭 자라고 있다. 더 많은 손자를 원하였지만 나 혼자만의 바람일 뿐이었다. 벌써 큰 외손녀는 대학입학을 앞두고 있으니 어찌 세월이 빠르다고 말하지 않을 수 있으리오. 자식 셋 모두 단란한 가정을 이루어 열심히 살고 있으니 더 이상 바랄 게 무엇이 있으랴.

2003년 3월-2008년 4월까지 고향 추봉도와 한산도를 연결하는 추봉연도교 설치공사와 추봉일주도로 개설공사의 원활한 추진을 위하여 추봉도발전협의회 회장에 추대되었다. 추봉연도교의 준공과 일주도로의 개설은 잠자는 섬을 일깨우고 어둠을 밝히는 새 세상을 만드는 일이었다. 2007년 7월, 역사적인 추봉연도교 준공과 더불어 소공원을 조성하여 기념조형물과 함께 주민의 요청으로 자작시 「추봉도」 시비(詩碑)를 세워놓았음은 보람이 아닐 수 없다.

2006년-2018년 2월까지 연속 3회 통영농협 이사로 선임되어 열두 해 동안 임원으로 재임하였다. 기간 중 조합장 선거 시 조합장직무대행 업무를 일주일 정도 수행하였다. 서른한 살의 늦은 나이로 농협의 최말단 직원으로 출발하여 과장 상무 전무, 이사(임원)에 조합장직무대행까지 하였으니 무슨 여한이 있으랴. 농협직원 출신으로서 좀처럼 경험하기 힘든 길이라 말할 수 있을 것이다.

농협 근무기간 중 조합장 표창 2회 경남도지회장 표창 2회 중앙회장 표창 1회 농수산부 장관표창을 수상하였다. 이 외에 지역농어민후계자 연합회장, 부녀회장 감사패 등 외부단체에서 받은 감사패도 십여 개에 이른다.

2002년부터 2017년 1월까지 통영문화원 이사(10년) 와 부원장(4년)을 역임하였다. 지역문화와 향토사에 대하여 보다 많은 지식을 얻을 수 있었으며 전통문화의 보존과 계승발전에 보다 깊은 관심과 이해를 하게 되어 유익하였다.

2008년 5월, 통영문화원의 문화사절단으로 자매도시인 일본 히가시오미시(東近江市)를 방문하여 큰연(鳶) 축제와 연 박물관, 백제사, 상인발상지인 코카쇼 마을을 관광한 것과 일본의 전통문화를 체험할 수 있는 연수기회를 가졌다. 이에 대한 연수보고서를 세밀하게 작성하여 『통영문화』 제8호에 게재하였다.

2002년-2004년, 진주 강씨 통영종친회 회장을, 2008년-2015년까지 추봉도 강씨 문중 회장을 역임하였다. 이를 계기로 씨족의 유래와 본관, 종파의 발생과 문중 내력 등에 관하여 어느 정도 지식을 습득하였다. 한산면추봉도 문중의 가계내력을 정확하게 알게 되었으며 숭조 사상의 함양과 선대의 업적을 계승하여 문중의 화합과 번창을 심어주고자 노력하였다. 아울러 입향조의 묘지단장과 족보편찬을 도모하여 일족의 뿌리 찾기에 앞장서기도 하였다.

2003년 한산도 제승당영구보존회 사무국장을 맡아 두 번의 향사를 거행하였다. 2004년-2014년까지 이사직을 수행하며 제례 의식과 충무공이순신 장군에 대하여 보다 많은 지식을 얻을 수 있었다. 뒤늦게 시작한 시조창학습에 지금도 열중하고 있음도 문화원 임원으로 재임한 연유가 바탕이 되었기 때문이다.

문학 활동에도 부지런히 참여하였다. 수향수필문학회 회장(2001-2004)으로 선임되어 최초의 연임(제17,18대)회장이 되었으며 2002년 전국지역문학동인지 콘테스트에 참여하여 은상을 받기도 하였다.

또한 통영문인협회 회장(2007), 물목문학회 회장(2011)을 역임하여 현재까지 통영지역 내에 있는 세 개 문학단체 회장을 모두 지낸 유일한 사람이 되었다. 외부의 문학 활동도 활발하다. 경남문인협회이사(2007), 하동 토지문학제 추진위원(2007), 수필문학추천작가회이사(2017-), 한국수필문학가협회이사(2009, 2017-)를 역임 하였거나 현재 맡고 있기도 하다. 통영예총 감사(2012-2017)직도 육 년 동안 수행하였으며 2017년 12월, 한국예술문화단체 총연합회 통영지회장(통영예총회장)에 선임되었다.

2007년 12월, 통영문인협회 회장 재임시 청마유치환의 친일여부 토론회를 개최하여 청마를 친일의 굴레에서 해방시키는데 일조를 하였다. 2008년 3월엔 청마탄생 100주년기념 축제 추진위원으로 선임되어 통영예총과 함께 청마탄생 100주년 기념행사를 성대하게 거행하였다. 또한 같은 해 8월에는 통영시의 지원을 받아 한국수필문학가협회 회원 일백여명을 통영으로 초청하여 1박2일간 청소년수련관에서 하계 세미나를 개최하여 전국의 수필문학가들을 문학과 예술의 도시 통영에 흠뻑 빠지도록 만들었다.

2009년 10월, 첫 수필집『도다리 쑥국』을 발간하였으며 2013년『낙동강문학』시조 신인상에 당선되어 수필과 시조 두 장르에서 창작활동을 하게 되었다. 하지만 두 장르 중 어느 한쪽도 뚜렷한 성과를 거두지 못하고 있음은 생업과 건강, 그리고 잡다한 사회활동 때문이라고 변명할 수밖에 없다.

통영문인협회 회장 재임 시 설엽서우승 선생사망으로 통영문인장을 거행하였으며 박경리 선생의 사망 시 장례부 위원장으로 약력보고와 함께 장례식 거행에 일조하였다. 또한 남망산 공원의 김상옥 선생 시비 건립과 준공식, 김춘수 선생의 유품전시관 개관 시에도 유족과 관계부서에 상호협조와 사업추진에 도움을 주도록 앞장섰다.

2003년, 주간 통영신문 편집위원으로 선정되어 그해 기획특집으로 거제도, 추봉도, 용초도 포로수용소의 실상을 12회에 걸쳐 집중 조명하여 통영에도 포로수용소가 설치되었음을 세상에 적극 알렸다. 동시에 포로수용소의 복원요청과 그 잔존물을 근대문화유산으로 지정 보존할 것과 기념관 건립 등을 통영시에 강력히 건의하였다.

이에 근거하여 2015년 통영시청에서 서울대학교 아시아연구소에 용역 의뢰하여 『한산도(추봉, 용초) 포로수용소 기록화 사업 용역보고서』를 최초로 발간하여 포로수용소의 설치내역과 규모 등이 자세히 밝혀졌다. 2016년에는 추봉도와 용초도의 포로수용소를 증언하는 영상물이 만들어졌으며 필자도 제작에 참여하여 당시의 상황을 증언하였다.

최근 들어 통영시가 추봉도와 용초도 포로수용소에 대하여 관심을 가지고 유적 재발굴 및 현장 탐사 그리고 문화재 지정과 기념관 건립 등을 추진하고 있음은 매우 고무적인 일이다. 이 일은 필자가 일찍 「통영신문」의 기획특집 보도와 「한산면지」에 추봉도와 용초도 포로수용소 설치와 관련하여 당시 주민들의 피해와 애환에 대하여 체계적인 정리를 기록하고 끊임없는 건의를 하였기에 여기까지 오게 되었다고 감히 말할 수 있다.

「한산면지」와 통영시지 발간에 참여한 일은 보람이라 하지 않을 수 없다. 최초의 『한산면지』는 1992년도에 제작되었다. 그로부터 스무 해가 지나 2012년 한산면지가 증보판으로 다시 태어났다. 지역 유지와 고향을 아끼고 사랑하는 몇 분이 모여 『한산면지』 증보판 발행을 결정하고 추진위원장으로 박윤식 선생을 추대하였다. 초판 발행 후 강산이 두 번이나 변하였으니 증보판 발행은 당연하기에 기꺼이 참여하였다. 초판에는 단지 편찬위원으로 이름이 올라갔을 뿐이었지만 이번에는 집필, 편집, 교정위원으로 이름을 올렸다.

담당 집필 분야는 포로수용소(거제도 추봉도 용초도), 기해동정과 추암도, 전설과 일화 등 세 가지 분야이었다. 이 중 포로수용소 부분은 초판에 실리지 않은 새로운 역사의 기록이었다. 몇 년 전 통영신문에 기획특집으로 발표한 것과 어릴 때의 기억을 다시 더듬어 사실 체험과 현장답사, 현재까지 남아있는 유적을 재정리하여 일련의 역사를 후세에 남긴다는 마음으로 집필하였다.

이로써 한산면의 포로수용소가 역사적 기록으로 남게 되었음은 참으로 다행이었다. 집필 외에 편집 및 교정에도 책임을 맡아 알차고 유익한 내용이 수록될 수 있도록 최선을 다하였다. 이러한 정성이 모여 제작된 『한산면지』는 전국 어디에 내어놓아도 우수한 도서에 들 것이라 생각된다.

2016년 12월, 통영시장으로부터 『통영시지』 편찬을 위한 편찬 및 집필 위원으로 선정되어 위촉장을 받았다. 초판은 1999년도에 발행되었으나 이번에 체제와 내용을 일신하여 완전하고 새로운 시지를 만든다고 하였다. 전혀 생각지도 못한 일이라 한편으로 영광스럽기도 하고 과연 내가 해낼 수 있을까 하는 두려운 마음이 일기도 하였다. 한산면지 제작에 참여한 경험이 있기는 하지만 통영시지는 또 다른 위상이 있기 때문이었다.

한편으로 이왕 선정되었으니 잘해 보리란 마음도 생겨났다. 집필 분야는 문학 부분 이었다. 장대한 통영문학사를 다시 정리하고 당대에 이름을 날렸던 유명 문인들의 업적을 기림과 동시에 통영 출신으로 현재까지 문단에 등단하여 문학 활동을 하고 있는 모든 분의 이력을 기록해야 하므로 결코 쉬운 일이 아니었다.

집필 기간은 단지 일 년, 2017년 말까지 일련의 내용을 모두 작성하여 편찬위원회에 넘겨야만 하였다. 처음 한두 달은 무엇부터 어떻게 시작하여야 좋을지 몰라 눈앞이 캄캄하였다. 생업과 함께 몇 가지 일을 하는 것도 힘든데 이것까지 맡으면 더욱 힘들지 않을 수 없었다. 하지만 최선을 다하여 자료를 수집하고 열심히 원고를 작성하여 마감기일에 맞추어 마무리 하여 출판에 지장 없도록 하였다. 그렇게 할 수 있었음은 서울 풍해문화재단의 조석래 문학박사, 부산 출신으로 통영에서 문학 활동을 하고 있는 김다솔 시인, 양미경 통영문인협회 회장, 시지편찬위원회 최정선 간사를 비롯하여 주변 문인들의 많은 도움을 받았기에 가능하였다. 또한 차영한 선배님께서 초판에 1980년대 중반까지의 통영문학사를 잘 정리하여 수록해 놓은 덕분이었다. 도움을 주신 모든 분께 감사드린다.

2018년 6월, 『통영시지』는 본집 3권과 별책부록으로 발간되었다. 부록을 포함하여 도합 3천5백 쪽에 이르는 대 장서이다. 통영의 역사와 문화예술, 인문과 사회 지리, 산업과 경제 그리고 미래의 청사진까지 모든 분야를 총집대성 하여 만든 걸작품이다. 제작에 참여한 덕분에 귀중한 책 한질을 무료로 받았으니 기쁘기 그지없다. 아울러 편찬 및 집필위원으로 참여하였음은 더 없는 영광이기도하다.

『통영시지』 완성과 더불어 문학 분야에서 아쉬운 점 두 가지가 있다. 하나는 문인소개란에 한 분이라도 더 수록하고자 애를 썼지만 시간적 지역적 한계로 더 이상 찾아내지 못하여 누락된 분에 대하여 미안함을 금할 수 없다. 다른 하나는 타지 출신으로 통영에서 문학 활동을 열심히 하고 있지만 거주한지 20년이 되지 않은 문인은 편집방

침에 의하여 등재되지 못하였으니 이점 또한 양해 바란다.

초등학교 동기 졸업생은 90여 명 이었다. 이들 중 60여 명이 전국에 흩어져 생존하고 있는데 이들의 주소를 정확하게 조사하여 수첩을 만들어 배부하였다. 비록 자주 만나지 못하여도 전화 연락이라도 서로 할 수 있으면 하는 마음에서였다. 이를 계기로 2013년 4월 27일, 칠순동창회를 개최하였다. 그때까지 경향 각지에 살아있는 동창생 육십여 명중 오십여 명이 참석하여 대성황을 이루었다. 신체이상으로 걸음발을 할 수 없는 친구를 빼고는 거의 다 모였으니 얼마나 감격스러웠던지.

이 외에도 통영노인대학 강사로 몇 차례 출강하였는가 하면 결혼식 주례도 80여 차례 섰다. 대체의학 분야와 심리상담에도 노력을 기울여 관련 분야 자격증 몇 가지를 취득하여 잠시 봉사활동도 하였다. 약용식물관리사, 고려수지 요법사, 심천사혈요법사 1급 자격증을 비롯하여 노인건강관리(지도)사. 노인심리상담사 등의 자격증을 소유하고 있다. 민간자격증이긴 하지만 전문 교육강좌 와 실무수습과정을 이수하고 시간과 노력을 투자하여 취득하였다.

위에 나열한 대부분의 일은 거의 모두 혼자서 이리 뛰고 저리 뛰면서 해냈다. 솔직히 주업이면서도 생업인 건강원 운영 하나만도 감당하기 힘들었지만 어느 누구에게 한마디 불평도 없이 '누가 해도 할 일이면 내가 한다'는 마음으로 몸을 아끼지 않았다. 나를 필요로 하거나 부르는 곳이 있으면 어디든 가리지 않고 달려갔다. 가족과 주변으로부터 건강에 대한 우려를 많이 했는데도 염두에 두지 않았다. 내일

쓰려져도 오뚝이처럼 다시 일어날 수 있다는 각오로 오늘 내가 할 일은 반드시 이행하여 뒤로 미루지 않았다.

잠은 언제나 부족하였으며 시간이 언제 지나가는지 몰라 끼니를 거르는 일은 다반사이었으며 불규칙한 식사는 습관처럼 되었다. 그러다 보니 몸은 자신도 모르는 사이 만신창이가 되어갔다.

2007년 5월 치질 수술을 시작으로 2009년 9월 복막염 수술, 2010년 10월 방광암 수술 과 전립선비대증 수술, 2011년 10월 귀 수술, 2012년 9월엔 간암 수술까지 하였다. 그 사이에 대장의 종양제거 수술도 세 번이나 받았다. 1994년에 받은 허리 수술을 제외하고도 아홉 해 동안에 몸의 주요부위를 무려 아홉 번이나 도려내었다.

방광암은 초기 단계이었으나 간암은 중기 단계까지 진행되어 간의 절반 정도가 절단되었다. 오로지 의지 하나로 버티며 오뚝이처럼 일어서고 또 일어섰다. 어찌 보면 오늘까지 살아 있음이 신비롭기도 하다. 저승사자가 날 잡으러 왔다가 쳐다보고는 너는 아직 할 일이 남았으니 다음 기회에 오겠다며 그냥 돌아갔는지, 아니면 조상님과 신의 은덕인지….

2017년 11월, 건강원을 폐업하였다. 그로부터 한 달 뒤 한국예총 통영지회장에 선임되었다. 육체적으로 무거운 짐 한 가지 내려놓았으나 정신적으로는 새로운 무거운 짐 하나 다시 짊어지게 되었다. 건강이 허락하는 한 최선을 다할 것이다.

예향의 고장 통영에서 태어나고 자랐음도 자랑인데 지역의 예술문화 발전을 위하여 한 알의 밀알이 될 수 있다면 기꺼이 몸을 던져 싹을 틔우도록 하리라. 나이는 숫자에 불과할 뿐이다. 신이 내린 명령이라 여기고 마지막 열정을 쏟을 것이다.

오늘도 살아 있어 일할 수 있으니 이 얼마나 축복인가.

추암 강 기 재

_ 경남 통영시 한산면 추봉도 출생
_ 한국방송통신대학교 졸업
_ 해군군무원
_ 농협중앙회(농협은행) 통영시지부
_ 통영농업협동조합 전무, 이사
_ 제승당영구보존회 이사
_ 통영문화원 이사, 부원장
_ 한산중학교 총동창회장
_ 진주 강씨 통영종친회장
_ 『통영신문』 편집위원
_ 『한산면지』 『통영시지』 편찬 및 집필위원
_ 『수필문학』 추천 등단
_ 수향수필문학회, 물목문학회 회장
_ 한국문인협회 통영지부장
_ 경남문인협회 이사
_ 한국예술문화단체총연합회 통영지회장(현)
_ 한국수필문학가협회 이사(현)
_ 수필문학추천작가회 이사(현)
_ 한국정가진흥회 통영지부장(현)
_ 통영시 문화상 심사위원(현)
_ 통영시 문학상 운영위원(현)
_ 통영시 인재육성심의위원회 위원(현)
_ 『낙동강문학』 시조 신인상
_ 한국예총 예술문화공로상
_ 전국시조경창대회 평시조부 장원
_ 저서(수필집) : 『도다리 쑥국』 『양철 도시락』

양철 도시락

2018년 11월 15일 초판 인쇄
2018년 11월 20일 초판 발행

지은이 / 강기재
발행인 / 강석호

발행처 / 도서출판 교음사
편 집 / 隨筆文學社 出版部

03147 ·서울 종로구 삼일대로 457 수운회관 1308호
Tel (02) 737-7081, 739-7879(Fax)
e-mail : gyoeum@daum.net

등록 / 제300-2007-52호

* 잘못된 책은 교환해 드립니다. 값 15,000원

ISBN 978-89-7814-746-0 03810

이 도서의 국립중앙도서관 출판예정도서목록(CIP)은 서지정보유통지원시스템 홈페이지 (http://seoji.nl.go.kr)와 국가자료공동목록시스템(http://www.nl.go.kr/kolisnet)에서 이용하실 수 있습니다. (CIP제어번호 : CIP2018036646)

후원

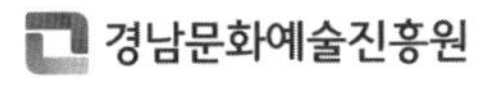

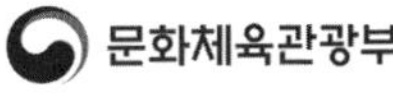

– 이 도서는 경남문화예술진흥원 으로 부터 기금 일부를 지원 받아 제작 되었습니다.